◎爱问法律百科系列丛书◎

丛书主编 · 严威

关注热点

简明易懂

法律思维

爱问
法律百科

征地安置补偿必知130问

申屠良瑜◎著

中国法制出版社
CHINA LEGAL PUBLISHING HOUSE

目录
CONTENTS

第一章 集体土地征收安置补偿基础知识

第二章　集体土地征收

第一节　集体土地征收前置问题

第二节　集体土地征收程序

第三章　征地补偿安置

第一节　征地补偿安置方案

第三节 征地补偿安置协议

第四节　土地征收补偿安置费用

第五节　土地征用搬迁

第六节　安置补偿特殊问题

第四章　征地补偿纠纷的处理

第五章 相关法律责任

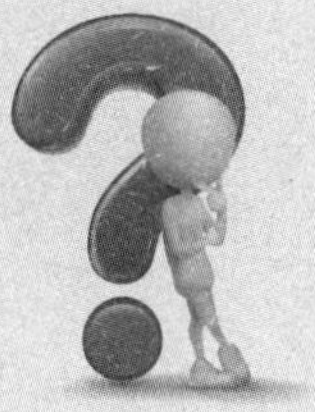

第一章

CHAPTER 1

集体土地征收安置补偿基础知识

1. 什么是“集体土地”？

集体土地是指农村和城市郊区中，由农村村民集体所有的土地。根据我国《宪法》《民法典》《土地管理法》等的规定，我国社会主义经济制度的基础是生产资料的社会主义公有制。土地作为生产资料的一种，在我国，也是实行着土地的社会主义公有制。然而，社会主义公有制并不代表我国的土地全部归国家所有，根据规定，我国的土地所有制包括全民所有制和劳动群众集体所有制。

全民所有也就是国家所有，依照《土地管理法》第2条的规定，由国务院代表国家行使所有权。根据《民法典》第249条、《土地管理法》第9条等的规定，城市的土地属于国家所有，法律规定属于国家所有的农村和城市郊区的土地属于国家所有。国家所有的土地具体包括：（1）城市市区的土地；（2）农村和城市郊区中已经依法没收、征收、征购或国家依法征用的土地；（3）城市化农村集体组织成员全部转为城镇居民的，原属于该集体所有的土地；（4）因国家组织移民、自然灾害等原因，农村集体组织成建制移民后不再使用的原属于迁移农村集体组织所有的土地；（5）依法不属于集体所有的林地、草地、荒地、滩涂及其他土地。

劳动群众集体所有的土地，也就是集体土地，根据《土地管理法》第9条等的规定，一般包括：（1）农村和城市郊区的土地，除由法律规定属于国家所有的以外；（2）农村集体组织成员所有的宅基地、自留地和自留山。同时，根据《土地管理法》第11条的规定，集体土地根据所属的农民群体的不同，其经营、管理权归属也会有所不同：一般情况下，农民集体所有的土地依法属于村农民集体所有的，由村集体经济组织或者村民委员会经营、管理；已经分别属于村内两个以上农村集体经济组织的农民集体所有的，由村内各该农村集体经济组织或者村民小组经营、管理；已经属于乡（镇）农民集体所有的，由乡（镇）农村集体经济组织经营、管理。

2. 什么是“集体土地征收”？

集体土地征收是指国家为公共利益的需要，通过法定程序，将原属于农民集体所有的土地征为国有的行为。我国《宪法》《土地管理法》《民法典》等均规定，为了公共利益的需要，依照法律规定的权限和程序可以征收集体所有的土地。

具体来说，法律法规确立“集体土地征收”制度并有序开展集体土地征收工作，主要有两个方面的考虑：一方面，随着我国经济社会的发展，为完善基础设施、促进国家事业发展，各类建设活动如火如荼展开，国有土地储备量已经越来越无法满足社会建设的需要，亟须新增建设用地满足建设需求；另一方面，某些建设活动并不能随意在某块土地上展开，一些能源、交通、水利等基础设施所需地块具有特定性，但这些地块有时候并非国有而是属于集体所有，而我国现有土地利用制度下集体组织难以统筹、组织开展上述基础设施建设工作。因此，为促进社会事业的发展，法律允许集体土地有条件地转为国有土地进行建设开发，这中间必备的程序就是土地征收。

由于土地征收实质上是对土地所有权及使用权的再分配，涉及与该幅土地具有权益关联的众多单位和个人的利益，土地征收的发起有着严格的限制，不得随意进行。同时，集体土地的征收程序等也有着严格的规定，既要保证征收程序本身的合法、有序，也要确保被征地农民的生活得到保障，被征地农民的合法权益不受侵害。

3. “土地征收”和“土地征用”有什么异同?

根据我国《宪法》第 10 条、《土地管理法》第 2 条的规定，国家为了公共利益的需要，可以依法对土地实行征收或者征用并给予补偿。上述条款中规定的“土地征收”与“土地征用”，仅有一字之差，两者之间有众多共同点，但更有许多的差异，不能混用。

土地征收与土地征用作为我国基本土地使用制度的一部分，两者有以下 4 个共同点:（1）两者都是为了公共利益的需要。仅仅是为了某些部门、单位或者个人的私人利益、商业利益，不能征收、征用土地。（2）两者都具有强制性。土地征收、土地征用虽然都会听取相关单位、个人的意见，但仍以国家意志为主，若因公共利益确需征收、征用土地的，无须征得相关单位、个人的意见，可以强制实施。（3）两者均需要按照法定程序实施。无论是征收还是征用，都必须严格按照法定程序实施，相关单位与个人不能滥用职权，肆意侵害土地所有权人和使用权人的合法权益。（4）两者均需要给予相应的补偿。征收或征用在一定程度上都限制甚至剥夺了土地的所有权或使用权，对土地原所有权人或使用权人的权益造成了损害，应当给予相应的补偿。

然而，土地征收与土地征用作为两种截然不同的土地制度，存在明显差异:（1）法律后果不同。土地征收是土地所有权的完全转移，由集体所有变为国家所有；土地征用则仅仅是土地使用权的暂时转移，征用人因公共利益的需要临时使用土地。这是两者本质的区别。（2）审批机关不同。土地征收的审批权集中在国务院和省级人民政府两级，而土地征用的审批权则在县级以上人民政府自然资源管理部门。（3）实施程序不同。土地征收因涉及土地所有权的转移，实施程序上较土地征用要严格很多。（4）土地用途不同。土地征收后被征收土地性质转为国有建设用地，可用于修建永久性的建筑物、构筑物，而土地征用后土地只能用于临时性的施工建设场地、地质勘探、抢险救灾、建设施工材料堆场等，不得修建永久性的建筑物、构筑物，并且在使用期满后要恢复土地原状，交还原土地使用权人。（5）补偿标准不同。由于土地征收是土地所有权的完全转移，而土地征用仅是土地使用权的临时转移，因此土地征收的补偿标准要高于土地征用，补偿的类目也要多于土地征用。

4. “集体土地征收”和“国有土地上房屋征收”有什么异同？

基于我国城市、农村土地政策的不同，城市居民和农村居民可能面临的“拆迁”实际是不同的，城市居民一般面临的是“国有土地上房屋征收”，而农村居民则面临的是“集体土地征收”。两者在口头语上虽然都常被称为“拆迁”，也存在着许多相同之处，但也有很多差异点。

两者的相同点主要有以下5点：（1）两者都是为了公共利益的需要。仅仅是为了某些部门、单位或者个人的私人利益、商业利益，不能征收集体土地、国有土地上房屋。（2）两者都具有强制性。征收集体土地、国有土地上房屋虽然都会听取相关单位、个人的意见，但仍以国家意志为主，若因公共利益确需征收集体土地、国有土地上房屋的，无须征得相关单位、个人的意见，可以强制实施。（3）两者均需要按照法定程序实施。无论是征收集体土地，还是征收国有土地上房屋，都必须严格按照法定程序实施，相关单位与个人不能滥用职权，肆意侵害土地权益人的合法权益。（4）两者均需要给予相应的补偿。征收行为在一定程度上都限制甚至剥夺了土地的使用权或所有权，对土地原所有权人或使用权人的权益造成了损害，应当给予相应的补偿。（5）均会导致土地使用权、土地上房屋所有权的转移。集体土地征收是土地所有权的转移，由集体所有转为国家所有，根据“房随地走”的原则，土地上附着的建筑物、构筑物的所有权会随之转移；国有土地上房屋被征收后，房屋的所有权发生转移，而根据“地随房走”的原则，虽土地的所有权仍是国有，但土地的使用权也会发生转移。

两者的差异则包括以下4点：（1）适用的法律不同。集体土地征收主要适用的是《土地管理法》，而国有土地上房屋征收主要适用《国有土地上房屋征收与补偿条例》。（2）法律后果不同。征收集体土地会使土地所有权由集体所有转为国家所有，土地上的房屋所有权一并转移；征收国有土地上房屋会使房屋所有权及房屋所附着的土地使用权转移，但土地所有权为国家所有不会改变。（3）审批机关不同。集体土地征收的审批权集中在国务院和省级人民政府两级，拟作出土地征收决定的市、县级人民政府在作出征收决定前必须依照法定程序报上级人民政府审批；而国有土地上房屋征收中，拟征收房屋的市、县级人民政府可以自行作出决定，无须报上级人民政府审批。（4）征收的程序不同，两者分别遵照《土地管理法》及《国有土地上房屋征收与补偿条例》，所需履行的程序不同。

5. 解决集体土地征收与补偿纠纷，需要用到哪些法律？

集体土地征收作为与国有土地上房屋征收并重的建设用地获取方式之一，可适用的法律规范是多样的。集体土地的征收与补偿的最上位法为《宪法》，我国《宪法》第13条第3款明确规定："国家为了公共利益的需要，可以依照法律规定对公民的私有财产实行征收或者征用并给予补偿。"与此同时，《民法典》《土地管理法》《城乡规划法》等一些法律也对集体土地的征收与补偿问题相应作出了一些规定。除法律规定外，集体土地的征收与补偿暂无专门的国务院行政法规，但原来的国土资源部等部门就集体土地征收与补偿发布了一些专门性的部门规章或部门规范性文件，如《征收土地公告办法》、《关于完善征地补偿安置制度的指导意见》（两个文件现均已失效）等。最高人民法院也就集体土地的征收与补偿问题专门出台了《关于审理涉及农村集体土地行政案件若干问题的规定》。

同时，我国部分地方也出台了一些相关的地方性法规、地方政府规章以及其他规范性文件，如《北京市集体土地房屋拆迁管理办法》《上海市征收集体土地房屋补偿暂行规定》《杭州市征收集体所有土地房屋补偿条例》等。各地居民在面对本地方的集体土地征收与补偿工作时需结合国家规定与地方性规定一并适用。

上述法律规范中，《土地管理法》是集体土地征收与补偿的最主要法律规范。《土地管理法》于 1986 年 6 月 25 日由第六届全国人民代表大会常务委员会第十六次会议制定，已经历了 1988 年、1998 年、2004 年及 2019 年四次修改。现行的《土地管理法》为 2019 年修正版本。

6. 城中村改造适用《土地管理法》还是《国有土地上房屋征收与补偿条例》？

城中村顾名思义是指在城市中的村落，它是在城市化进程中形成的一种特殊居民区。从狭义上说，城中村是指农村村落在城市化进程中，由于全部或大部分土地被征收，农民转为居民后仍在原村落居住而演变成的居民区；从广义上说，城中村是指在城市高速发展的进程中，滞后于时代发展步伐、游离于现代城市管理之外、生活水平低下的居民区，在国外也被称为贫民窟。

城中村作为城市的一块“夹缝地”，存在着一系列的社会问题，如：(1)人口杂乱，城中村的人口由村民、市民和流动人口混合构成，人员成分复杂，治安形势严峻；(2)城市规划滞后，违法违章建筑相当集中，“一线天”“握手楼”“贴面楼”等情况严重，房屋密度高、采光通风条件差，村民居住环境差；(3)基础设施不完善，卫生条件太差，各种管线杂乱无章，排水排污不畅，垃圾成灾，街巷狭窄、拥挤，存在严重消防隐患；(4)土地使用存在诸多问题，宅基地、工业用地、商业用地相互交织，非法出租、转让、倒卖，管理混乱等。城中村不仅影响城市的美观，也阻碍城市化进程，制约着城市的发展，已成为困扰许多城市发展的顽疾。为此，我国多地均在大力推进城中村的改造工作。城中村改造，首要的便是确定适用的法律，是主要适用《土地管理法》还是《国有土地上房屋征收与补偿条例》？这取决于城中村土地的性质。

根据我国《民法典》《土地管理法》等规定，城市的土地及法律规定属于国家所有的农村和城市郊区的土地，属于国家所有；农村和城市郊区的土地，除由法律规定属于国家所有的外，属于农民集体所有；宅基地和自留地、自留山，也属于集体所有。城中村在城市化不断推进的过程中，位于城区边缘而被划入城区，成为城市的一部分，其土地所有权混乱，大致存在三种不同的情况：（1）已“撤村建居”，土地被国家全部征收，农民不再享有集体土地所有权，村已经被城市完全包围，原农民已全部转为居民，只是保留着农村传统的生活习惯；（2）正在“撤村建居”，土地大部分被征收，土地所有权部分属于国家所有，部分属于集体所有，但原农民未转为居民；（3）尚未“撤村建居”，但已列入城市框架范围，土地全部仍属于集体所有。一般来说，对于城中村改造而言，已“撤村建居”及正在“撤村建居”的城中村的国有土地上房屋征收工作适用《国有土地上房屋征收与补偿条例》，而正在“撤村建居”与尚未“撤村建居”城中村的集体土地上房屋征收工作则不能适用该条例，还是适用《土地管理法》。

7. 土地用途是否可以随意更改，如用农用地建房子？

我国实施土地用途管制制度，土地用途是不能随意更改的。土地用途管制制度，是指国家为保证土地资源合理利用和经济、社会协调发展，通过编制土地利用总体规划并以此为依据，划定土地利用区，限定土地使用条件，划分土地管理权限，并要求土地所有者和使用者严格按照国家确定的土地用途利用土地的制度。

根据《土地管理法》《城乡规划法》等的规定，我国的土地用途可分为农用地、建设用地和未利用地。其中，农用地是指直接用于农业生产的土地，包括耕地、林地、草地、农田水利用地、养殖水面等；建设用地是指建造建筑物、构筑物的土地，包括城乡住宅和公共设施用地、工矿用地、交通水利设施用地、旅游用地、军事设施用地等；未利用地则是指除农用地和建设用地外的土地。

根据相关规定，土地用途由土地利用总体规划确定。根据《土地管理法》第三章“土地利用总体规划”的规定，土地利用总体规划是指各级人民政府在一定时间和一定区域内，对土地的开发、利用、治理、保护所做的总体安排和布局。各级人民政府应当在上一级土地利用总体规划的基础上，依据本地区国民经济和社会发展规划、国土整治和资源环境保护的要求、土地供给能力以及各项建设对土地的需求，组织编制本级的土地利用总体规划。土地利用总体规划的期限一般为 10 年到 15 年，在规划期限内，土地用途不被随意更改，使用土地的单位和个人必须严格按照土地利用总体规划确定的用途使用土地。

与此同时，为保护农业生产安全，维护农用地，特别是耕地的总量，《土地管理法》等还明确规定了严格限制农用地转为建设用地，控制建设用地总量，对耕地实施特别保护。

8. 我国的土地征收主管机构是哪个？

根据《土地管理法》及我国的政府机构改革实践，国务院自然资源主管部门是我国国家一级的土地征收主管机构。2018年3月，全国人大通过了《国务院机构改革方案》，明确为统一行使全民所有自然资源资产所有者职责，统一行使所有国土空间用途管制和生态保护修复职责，着力解决自然资源所有者不到位、空间规划重叠等问题，实现山水林田湖草整体保护、系统修复、综合治理，将国土资源部的职责，国家发展和改革委员会的组织编制主体功能区规划职责，住房和城乡建设部的城乡规划管理职责，水利部的水资源调查和确权登记管理职责，农业部的草原资源调查和确权登记管理职责，国家林业局的森林、湿地等资源调查和确权登记管理职责，国家海洋局的职责，国家测绘地理信息局的职责整合，组建自然资源部，作为我国自然资源的主管部门。自然资源部取代了原国土资源部，负责全国土地征收、征用管理工作，具体由耕地保护监督司负责。

随着国务院机构改革的进行，地方各级政府也对本级自然资源主管部门进行了改革调整，如浙江省调整为自然资源厅，而北京市则调整为北京市规划和自然资源委员会。因此，在明确自然资源部作为全国土地征收主管部门的前提下，各地的土地征收主管机构应当根据各地具体情况确定。

9. 集体土地征收与补偿应当坚持哪些原则?

《土地管理法》虽未明文规定集体土地征收补偿应当遵循的基本原则，但结合《土地管理法》有关集体土地征收补偿的条文，我们可以总结出，与国有土地上房屋征收与补偿类似，集体土地征收补偿也应当坚持公平补偿、决策民主、程序正当、信息公开的原则。同时，基于集体土地征收可能导致的是农村村民“生计地”的丧失，上述四项原则应比国有土地上房屋的征收与补偿更为严格。

（1）公平补偿原则。在集体土地征收补偿中，公平补偿原则不仅要求征地补偿要与被征收土地的价值相当，以体现公共利益与被征收人个人利益的相统一；还要求征地补偿要保障被征地农民的原有生活水平不降低、长远生计有保障。基于此，不同于城市房屋征收，集体土地征收补偿在补偿费、安置补助费等的基础上，还特别要求安排被征地农民的社会保障费用。

（2）决策民主原则。集体土地征收过程中的决策民主主要体现在公众参与层面。县级以上地方人民政府拟申请征收土地的，必须将征收范围、土地现状、征收目的、补偿标准、安置方式和社会保障等在拟征收土地所在的乡（镇）和村、村民小组范围内公告至少三十日，听取被征地的农村集体经济组织及其成员、村民委员会和其他利害关系人的意见。多数被征地的农村集体经济组织成员认为征地补偿安置方案不符合法律、法规规定的，县级以上地方人民政府应当组织召开听证会，并根据法律、法规的规定和听证会情况修改方案。随后，县级以上地方人民政府应与拟征收土地的所有权人、使用权人就补偿、安置等签订协议，个别确实难以达成协议的，应当在申请征收土地时如实说明。在相关前期工作完成后，县级以上地方人民政府方可申请征收土地。

（3）程序正当原则。程序正当原则贯穿于集体土地征收补偿的全过程。如县级以上地方人民政府拟申请征收集体土地的，必须依法定程序报国务院或省级地方人民政府批准；拟申请征收土地的，应首先开展拟征收土地现状调查和社会稳定风险评估，并就征地补偿安置方案等予以公告；在土地现状调查、社会稳定风险评估、征地补偿安置方案公告等相关前期工作完成后，方可申请征收土地；等等。

（4）信息公开原则。信息公开要求是全方位的。首先，征收范围、土地现状、征收目的、补偿标准、安置方式和社会保障等应在拟征收土地所在的乡（镇）和村、村民小组范围内公告；其次，征收农用地的土地补偿费、安置补助费标准，征收农用地以外的其他土地、地上附着物和青苗等的补偿标准等应当向公众公布，方便查询；最后，被征地的农村集体经济组织也应当将征收土地补偿费用的收支状况向本集体经济组织的成员公布。

10. 土地利用总体规划如何编制？

土地利用总体规划是在一定区域内，根据国家社会经济可持续发展的要求和当地自然、经济、社会条件，对土地的开发、利用、治理、保护在空间上、时间上所做的总体安排和布局，是国家实行土地用途管制的基础。根据《土地管理法》第 15 条的规定，各级人民政府应当依据国民经济和社会发展规划、国土整治和资源环境保护的要求、土地供给能力以及各项建设对土地的需求，组织编制土地利用总体规划。

首先，在编制主体方面，根据《土地管理法》第15条的规定，各级人民政府负责组织本行政区划内的土地利用总体规划编制工作。

其次，在编制权限方面，根据《土地管理法》第 16 条的规定，下级人民政府编制的土地利用总体规划应当依据上一级人民政府编制的土地利用总体规划。同时，按照法律规定，地方各级人民政府编制的土地利用总体规划中的建设用地总量不得超过上一级土地利用总体规划确定的控制指标；为保护基本耕地，省、自治区、直辖市人民政府编制的土地利用总体规划需确保本行政区域内耕地总量不减少，地方各级人民政府编制的土地利用总体规划中的耕地保有量不得低于上一级土地利用总体规划确定的控制指标。

再次，在编制原则方面，根据《土地管理法》第17条的规定，土地利用总体规划应当按照下列原则编制：（1）落实国土空间开发保护要求，严格土地用途管制；（2）严格保护永久基本农田，严格控制非农业建设占用农用地；（3）提高土地节约集约利用水平；（4）统筹安排城乡生产、生活、生态用地，满足乡村产业和基础设施用地合理需求，促进城乡融合发展；（5）保护和改善生态环境，保障土地的可持续利用；（6）占用耕地与开发复垦耕地数量平衡、质量相当。

复次，在编制要求方面，根据《土地管理法》第19条的规定，县级人民政府编制的土地利用总体规划应当划分土地利用区，明确土地用途；乡镇土地利用总体规划应当划分土地利用区，根据土地使用条件，确定每一块土地的用途，并予以公告。

最后，在规划核准程序方面，土地利用总体规划实行分级审批制度：（1）省、自治区、直辖市的土地利用总体规划报国务院批准；（2）省、自治区人民政府所在地的市、人口在100万以上的城市以及国务院指定的城市的土地利用总体规划，经省、自治区人民政府审查同意后，报国务院批准；（3）其他各级人民政府编制的土地利用总体规划，逐级上报省、自治区、直辖市人民政府批准，但乡镇土地利用总体规划可以由省级人民政府授权的设区的市、自治州人民政府批准。土地利用总体规划一经批准，必须严格执行。

11. 城乡规划由哪些部分组成？

城乡规划作为各级人民政府为协调城乡空间布局，改善人居环境，集约高效合理利用城乡土地，促进城乡经济社会全面科学协调可持续发展所作出的规划，根据《城乡规划法》第2条的规定，包括城镇体系规划、城市规划、镇规划、乡规划和村庄规划。城市规划、镇规划分为总体规划和详细规划；详细规划分为控制性详细规划和修建性详细规划。规划区是指城市、镇和村庄的建成区以及因城乡建设和发展需要，必须实行规划控制的区域。规划区的具体范围由有关人民政府在组织编制的城市总体规划、镇总体规划、乡规划和村庄规划中，根据城乡经济社会发展水平和统筹城乡发展的需要划定。

上述各项具体的城乡规划中，城镇体系规划是指在一定地域范围内，以区域生产力合理布局和城镇职能分工为依据，确定不同人口规模等级和职能分工的城镇的分布和发展规划。城镇体系规划是政府综合协调辖区内城镇发展和空间资源配置的依据和手段。全国城镇体系规划由国务院城乡规划主管部门报国务院审批。省、自治区人民政府组织编制省域城镇体系规划，报国务院审批。省域城镇体系规划的内容应当包括：城镇空间布局和规模控制，重大基础设施的布局，为保护生态环境、资源等需要严格控制的区域。

城市规划是指对一定时期内城市的经济和社会发展、土地利用、空间布局以及各项建设的综合部署、具体安排和实施措施。城市规划在指导城市有序发展、提高建设和管理水平等方面发挥着重要的先导和统筹作用。城市规划分为总体规划和详细规划。详细规划又分为控制性详细规划和修建性详细规划。

镇规划与城市规划相对应，是指一定时期内镇的经济和社会发展、土地利用、空间布局以及各项建设的综合部署、具体安排和实施措施。镇规划同样可分为总体规划和详细规划，镇的详细规划分为控制性详细规划和修建性详细规划。

乡规划、村庄规划分别是指对一定时期内乡、村庄的经济和社会发展、土地利用、空间布局以及各项建设的综合部署、具体安排和实施措施。乡规划和村庄规划是做好农村地区各项建设工作的先导和基础，是各项建设管理工作的基本依据，对改变农村落后面貌、规范乡村无序建设，推进社会主义新农村建设事业具有重要的意义。

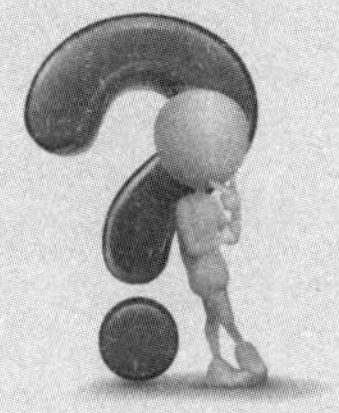

第二章

CHAPTER 2

集体土地征收

第一节　集体土地征收前置问题

12. 什么情况下可以征收集体土地?

根据《土地管理法》第 2 条的规定，国家为了公共利益的需要，可以依法对土地实行征收并给予补偿。修正前的《土地管理法》并未对什么是“公共利益的需要”以及哪些情况属于“公共利益的需要”作出明确规定，这给集体土地征收的启动带来了不确定性，部分地方因部门私利、商业利益等征收集体土地引发了诸多的社会纠纷，影响社会稳定。而在 2019 年的修正中,《土地管理法》新增一条作为第 45 条，对何种情况属于“公共利益的需要”作出了明确规定。

根据 2019 年《土地管理法》第 45 条的规定，有下列情形之一的，如果确实需要，可以征收集体土地：

（1）军事和外交需要用地的。主要指军事设施建设和使领馆建设。

（2）由政府组织实施的能源、交通、水利、通信、邮政等基础设施建设需要用地的。具体包括石油天然气设施、煤炭设施、电力设施、水利设施、铁路交通设施、公路交通设施、水路交通设施、民用机场设施、通信基站、邮政转运设施等。

（3）由政府组织实施的科技、教育、文化、卫生、体育、生态环境和资源保护、防灾减灾、文物保护、社区综合服务设施建设、社会福利、市政公用、优抚安置、英烈保护等公共事业需要用地的，如建设博物馆、学校、体育馆、烈士园林等。

（4）由政府组织实施的扶贫搬迁、保障性安居工程建设需要用地的。保障性安置工程一般指棚户区改造以及廉租住房、经济适用住房、限价商品住房、公共租赁住房等。

（5）在土地利用总体规划确定的城镇建设用地范围内，经省级以上人民政府批准由县级以上地方人民政府组织实施的成片开发建设需要用地的。

（6）法律规定为公共利益需要可以征收农民集体所有的土地的其他情形。主要包括《公益事业捐赠法》《测绘法》等法律中规定的公共利益的需要。

根据《土地管理法》等的规定，拟申请征收集体土地的市、县级人民政府在递交征收申请时应当对“为了公共利益的需要”这一点作出说明，交征地批准机关审核，经审核批准方可征地。

13. 是否基于公共利益的需要就可以征收集体土地？

2019 年《土地管理法》在对征收集体土地的情形规定中，采取了与《国有土地上房屋征收与补偿条例》第 8 条类似的表述，《土地管理法》第 45 条规定了只有在“确需征收农民集体所有的土地的”情形下，才可以依法实施征收。“确需”表明了公共利益的需要不是国家征收集体土地的唯一正当理由，即只要存在公共利益，国家就可以征收集体土地。应当说，公共利益是征收的必要条件，而不是充分条件。除此之外，还需要将征收集体土地对被征收人合法权益、他人利益和公共利益分别带来的影响加以综合衡量。

对于“确需”的理解，可字面解释为确实需要。一方面，通过征收集体土地，可以实现某一公共利益，如满足军事和外交的用地需要。另一方面，公共利益的需要只有通过实施集体土地征收才能实现，这是一种较为极端的需要，即征收集体土地是实现这一公共利益的必要条件，没有其他方式可以替代。能通过其他方式实现公共利益的则不属于确需。为此，在判断是否“确需”征收集体土地时应当遵循行政法上的比例原则，除为了公共利益的需要，并依法定程序进行外，还必须选择给相对人的权益造成损害最少的方式行使。

首先，国家对集体土地实行征收，确实可以实现希望实现的公共利益，如不能实现公共利益，国家就不能以公共利益需要为由征收集体土地；其次，国家对集体土地实行征收是在可供选择的实现公共利益的多种途径中对公民、法人及其他组织的权益损害最少的，如果国家希望实现的公共利益可以通过征收之外的其他方式实现，应采用其他方式来实现公共利益，而不应当通过征收方式实现；最后，因征收而受到损害的个人和组织的利益不应当超过国家所要实现的公共利益，如果国家所要实现的公共利益小于征收给财产权人造成的损害，国家也就无征收集体土地的必要。

国家应严格遵循上述原则实施集体土地征收，不能以公共利益之名超范围征收，更不能假公共利益之名行土地储备或商业开发之实。

14. 集体土地征收中“军事和外交的需要”如何界定？

根据《国防法》第 2 条等的规定，国防是指国家为防备和抵抗侵略，制止武装颠覆，保卫国家的主权统一、领土完整和安全所进行的军事活动，以及与军事有关的政治、经济、外交、科技、教育等方面的活动。房屋征收中的“军事需要”主要指的是国防设施建设的需要。根据原国土资源部《划拨用地目录》

的规定，国防设施建设用地需要主要包括：（1）指挥机关、地面和地下的指挥工程、作战工程；（2）营区、训练场、试验场；（3）军用公路、铁路专用线、机场、港口、码头；（4）军用洞库、仓库、输电、输油、输气管线；（5）军用通信、通信线路、侦察、观测台站和测量、导航标志；（6）国防军品科研、试验设施；（7）其他军事设施建设需要。同时，一般情况下，以下非军事设施用地不能认为是国防需要，不宜通过征收方式实现：（1）企业化工厂设施用地；（2）部队列编农场、部队自办农场用地；（3）军马场用地；（4）生产经营的商店、招待所、宾馆、业务生产用地。

外交是指一个国家在国际关系方面的活动，如参加国际组织和会议，跟别的国家互派使节、进行谈判、签订条约和协定等。房屋征收中的“外交需要”主要是指国家为了给外国政府及国际组织驻华使领馆、办事处提供办公用地需要。

15. 由政府组织实施的能源、交通、水利、通信、邮政等基础设施建设需要如何界定？

一般来说，基础设施是指为社会生产和居民生活进行公共服务的工程设施，是用于保证国家或地区社会经济活动正常进行的公共服务系统。其中，能源设施是指服务于煤炭、石油、天然气、生物质能和电力、热力以及其他直接或者通过加工、转换而取得有用能的各种资源的设施；交通设施是指服务于公路交通、水路交通、铁路交通、航空等的设施，除相关道路外，还包括服务于交通的车站、码头、机场等；水利设施则是指服务于防洪、除涝、灌溉、发电、供水、围垦等水利需要的水利工程。通信、邮政设施是《土地管理法》相对于《国有土地上房屋征收与补偿条例》新近明确的可以实施征收行为的基础设施建设需要。其中，通信设施是指组成公用通信网络系统的所有设施，包括通信设备、通信线路、通信配套设施和通信管理部门认定的其他通信设施，如广播电视塔、基站等；邮政设施则是指邮政通信专用的设施，包括邮政企业为方便群众使用而设置的分支机构、邮亭、报刊亭、邮筒等公共设施。

上述各类基础设施中，与集体土地征收关系最为密切的是公路交通设施。根据原国土资源部颁布的《划拨用地目录》规定，公路交通设施主要包括以下5种可能的设施：（1）公路线路、桥梁、交叉工程、隧道和渡口；（2）公路通信、监控、安全设施；（3）高速公路服务区（区内经营性用地除外）；（4）公路养护道班（工区）；（5）公路线路用地界外设置的公路防护、排水、防洪、防雪、防波、防风沙设施及公路环境保护、监测设施。在具体实践中，建设石油天然气设施、煤炭设施等是不是《土地管理法》中所规定的“由政府组织实施的能源、交通、水利、通信、邮政等基础设施建设需要”仍需要结合实际情况判断，不能因是建设石油天然气设施、煤炭设施等就直接认定。

16. 什么是保障性安居工程?

保障性安居工程是指国家为保障城乡贫困家庭住房问题组织建设的住宅。保障性安居工程主要包括三类。第一类是保障性住房建设，包括廉租住房、经济适用房、公共租赁用房、限价商品住房;第二类是棚户区改造，包括城市棚户区、国有工矿棚户区、林区棚户区、垦区棚户区和煤矿棚户区;第三类是农村危房改造和游牧民族定居工程。廉租住房、经济适用房、公共租赁用房、限价商品住房是现有主要的保障性安居工程。

廉租住房是指政府以租金补贴或实物配租的方式，向符合城镇居民最低生活保障标准且住房困难的家庭提供社会保障性质的住房。廉租房的分配形式以租金补贴为主，实物配租和租金减免为辅。廉租房由政府或机构拥有，用政府核定的低租金租赁给低收入家庭，低收入家庭对廉租住房并没有产权。

经济适用住房是指政府以划拨方式提供土地，免收城市基础设施配套费等各种行政事业性收费和政府性基金，实行税收优惠政策，以政府指导价出售给有一定支付能力的低收入住房困难家庭的住房。有别于一般商品房，经济适用房具有经济性、保障性、实用性，是具有社会保障性质的商品住宅。

公共租赁住房是指由国家提供政策支持、限定建设标准和租金水平，面向符合规定条件的城镇中等偏下收入住房困难家庭、新进就业无房职工和在城镇稳定就业的外来务工人员出租的保障性住房。

限价商品房是指政府为解决中低收入家庭的住房困难，按照“以房价定地价”的原则，在土地挂牌出让时就限定房屋价格、建设标准、销售对象，开发商只能按照土地出让文件规定的房价、户型、销售对象进行销售的商品房。限价商品房本质上仍是商品房，符合购房条件的中低收入家庭购入限价商品房后能够依法取得房屋产权，但在房屋转让时依法受限。

17. 什么是“成片开发”？

所谓“成片开发”，一般是指在已经建成城镇的区域以外、尚未具备具体项目建设条件（如土地还未做平整硬化，未通电通水等）的新的规划区域，政府划出一定的面积，由参与成片开发的企业按照规划投资，统一进行基础设施建设、自有项目建设和项目招商工作，并从依法出让的土地中获得一定比例土地收益权的土地开发行为。在各地城市化进程中，政府将土地成片交由企业进行基础设施建设及项目招商引资，有利于利用企业的资金优势及土地开发经验能力优势，促进成片土地得到有效开发，在缓解政府财政压力的同时，也有效促进了城市建设与招商引资工作。但是，在部分地方实践中，土地成片开发也暴露出土地规划不合理，主开发商选择徇私舞弊，供地面积偏大导致土地浪费、滥用，集体土地征收与补偿不合法等问题。大面积的不当征地，使农村村民失去了赖以生存的农地，补偿又不到位，严重侵害了被征地农民的合法权益。同时，在此之前，我国对于“成片开发”并没有明确的法律规范，进一步加剧了成片开发的无序性。

鉴于此，为保障被征地集体经济组织和农民的合法权益，2019 年《土地管理法》新增的第 45 条明确规定了，只有在土地利用总体规划确定的城镇建设用地范围内，同时经省级以上人民政府批准后，由县级以上地方人民政府组织实施的成片开发建设需要用地的，如果确需征收农民集体所有土地，才可以依法实施征收。2019 年《土地管理法》一方面肯定了成片开发的作用，允许实施成片开发需要用地的，可以征收集体土地；另一方面为了防止地方政府随意推行土地成片开发，违反节约用地的原则，又明确规定了成片开发可以征收土地的范围限定在土地利用总体规划确定的城镇建设用地范围内，此外不能再实施成片开发征地。

18. 集体土地征收中的“征收人”和“被征收人”如何确定？

和国有土地上房屋征收与补偿一样，农村集体土地征收与补偿双方主体也可以被称为“征收人”与“被征收人”。

基于集体土地征收的严肃性，为保证土地征收行为的合法有序开展，与国有土地上房屋征收与补偿一样，农村集体土地的征收人限于市、县级人民政府。市、县级人民政府应当根据法律法规规定的权限与程序，在依法报省级人民政府或国务院批准的基础上，拟定土地征收与补偿方案，组织开展土地征收与补偿的具体工作，其他任何单位和个人均无权审查报批和组织实施土地征收行为。一般来说，市、县级自然资源主管部门作为地方政府的组成部门，代表地方政府实施具体的集体土地征收与补偿工作。

不同于国有土地归国家所有的情况，农村集体土地归集体所有，并供集体成员使用，在确定被征收人时，也不同于国有土地上房屋征收仅是房屋所有权人的情况。具体来说，在集体土地征收与补偿工作中，被征收人包括集体土地的所有权人、使用权人，集体土地上房屋所有权人和其他权利人。

19. 集体土地的所有权人如何确定?

根据《土地管理法》第 2 条的规定，国家所有土地的所有权由国务院代表国家行使。而与国有土地不同的是，集体土地的所有权人没有一个全国范围的统一主体，集体所有的土地分别归属于某个农村村民集体所有。因此，在进行集体土地征收工作时，明确集体土地的所有权人尤为重要。农村村民也可以据此知道自己是否在被征收人范围内。

《土地管理法》第 11 条虽规定了集体所有土地的经营、管理权归属——农民集体所有的土地依法属于村农民集体所有的，由村集体经济组织或者村民委员会经营、管理；已经分别属于村内两个以上农村集体经济组织的农民集体所有的，由村内各该农村集体经济组织或者村民小组经营、管理；已经属于乡（镇）农民集体所有的，由乡（镇）农村集体经济组织经营、管理，但上述规定并未明确集体所有土地所有权的归属问题。确定集体土地的所有权人，主要可依据的法律规范是原国家土地管理局发布的《确定土地所有权和使用权的若干规定》。该规定的第三章对集体土地的所有权作出了较为明确的规定。

根据《确定土地所有权和使用权的若干规定》，确定集体土地所有权人应当坚持尊重历史与使用现状的原则。一方面，村农民集体所有的土地，按目前该村农民集体实际使用的本集体土地所有权界线确定所有权。根据1962年颁布的《农村人民公社工作条例修正草案》确定的农民集体土地所有权，由于下列原因发生变更的，按变更后的现状确定集体土地所有权：（1）由于村、队、社、场合并或分割等管理体制的变化引起土地所有权变更的；（2）由于土地开发、国家征地、集体兴办企事业或者自然灾害等原因进行过土地调整的；（3）由于农田基本建设和行政区划变动等原因重新划定土地所有权界线的。另一方面，农民集体连续使用其他农民集体所有的土地已满20年的，应视为现使用者所有；连续使用不满20年，或者虽满20年但在20年期满之前土地实际所有权人曾向现使用者或有关部门提出归还的，由县级以上人民政府根据具体情况确定土地所有权。与此同时，该规定还对其他一些特殊情况下集体土地所有权的归属问题作出了规定，如乡（镇）或村在集体所有的土地上修建并管理的道路、水利设施用地，分别属于乡（镇）或村农民集体所有。

20. 集体所有农用地的使用权人如何确定?

集体所有农用地，包括集体所有的耕地、林地、草地以及其他用于农业生产的土地。根据《宪法》《民法典》《土地管理法》

《农村土地承包法》的规定，我国对上述土地实行承包经营制度。换句话说，集体土地所有权人可以作为发包人，将集体所有的农用地承包给集体经济组织内的村民，由土地承包经营权人依法对其承包经营的耕地、林地、草地等享有占有、使用和收益的权利，从事种植业、林业、畜牧业等农业生产。对于集体土地农用地来说，土地承包经营权人即该幅土地的使用权人。

根据法律法规的规定，个人或者农户要获得承包经营权，应当与该幅集体土地的经营、管理者签订合法有效的土地承包合同，约定双方的权利义务关系。其中，合同当事人包括发包人与承包人：发包人是作为集体土地经营、管理者的农村集体经济组织、村民委员会、村民小组；承包人则是作为本集体经济组织成员的村民。发包人应当维护承包方的土地承包经营权，不得非法变更、解除承包合同；尊重承包方的生产经营自主权，不得干涉承包方依法进行正常的生产经营活动；依照承包合同约定为承包方提供生产、技术、信息等服务。承包人有权依法享有承包地使用、收益的权利，有权自主组织生产经营和处置产品；依法互换、转让土地承包经营权；依法流转土地经营权；承包地被依法征收、征用、占用的，有权依法获得相应的补偿。根据《民法典》的规定，土地承包经营的期限根据土地的用途不同而有所区别，耕地的承包期为 30 年，草地的承包期为 30~50 年，林地的承包期为 30~70 年，特殊林木的林地承包期经国务院林业行政主管部门批准可以延长。第一轮土地承包到期后，可相应延长。

为维护土地承包经营关系的稳定，确保农村村民的土地权益，法律对承包经营权的变更采取了较为严格的限制措施。在土地承包经营期限内，对个别承包经营人之间承包的土地进行适当调整的，必须报经村民会议2/3以上成员或者2/3以上村民代表的同意，并报乡（镇）人民政府和县级人民政府农业行政主管部门批准。

21. 集体所有建设用地的使用权人如何确定?

集体所有建设用地是指根据土地利用总体规划确定的，由集体所有的用于建造建筑物、构筑物的土地。根据《确定土地所有权和使用权的若干规定》，乡（镇）村办企业事业单位和个人依法使用农村集体土地进行非农业建设的，可依法确定使用者享有集体土地建设用地使用权。在集体土地建设用地中，宅基地占了主要部分。对于宅基地使用权的确定，也是集体土地征收中确定集体所有建设用地使用权人的重要内容。

根据《土地管理法》第62条的规定，农村村民一户只能拥有一处宅基地，其宅基地的面积不得超过省、自治区、直辖市规定的标准。在土地征收时，农村村民应当持有宅基地土地权属证书办理征地补偿登记，确定集体土地使用权；对于没有土地权属证书的，各地具体措施有所不同，但一般均是尊重实际情况予以确定。而对于超过省级人民政府规定的宅基地面积的处理，不能一棒子打死。根据《确定土地所有权和使用权的若干规定》的规定，对于超过当地政府规定的面积，应考虑历史因素与实际使用情况予以确定。

首先，1982年2月国务院发布《村镇建房用地管理条例》之前农村村民建房占用的宅基地，超过当地政府规定的面积，在《村镇建房用地管理条例》施行后未经拆迁、改建、翻建的，可以暂按现有实际使用面积确定集体土地建设用地使用权。

其次，1982年2月《村镇建房用地管理条例》发布时起至1987年1月《土地管理法》开始施行时止，农村居民建房占用的宅基地，其面积超过当地政府规定标准的，超过部分按1986年3月中共中央、国务院《关于加强土地管理、制止乱占耕地的通知》及地方人民政府的有关规定处理后，按处理后实际使用面积确定集体土地建设用地使用权。

最后，在1987年1月《土地管理法》开始实施后，符合当地政府分户建房规定而尚未分户的农村村民，其现有的宅基地没有超过分户建房用地合计面积标准的，可按现有宅基地面积确定集体土地建设用地使用权。非农业户口居民（含华侨）原在农村的宅基地，房屋产权没有变化的，可依法确定其集体土地建设用地使用权，房屋拆除后没有批准重建的，土地使用权由集体收回。接受转让、购买房屋取得的宅基地，与原有宅基地合计面积超过当地政府规定标准，按照有关规定处理后允许继续使用的，可暂确定其集体土地建设用地使用权，继承房屋取得的宅基地，可确定集体土地建设用地使用权。空闲或房屋坍塌、拆除两年以上未恢复使用的宅基地，不确定土地使用权。

第二节 集体土地征收程序

22. 被征收人不同意的，集体土地征收能否继续进行？

根据《土地管理法》第45条的规定，为军事和外交等公共利益的需要，市、县级人民政府可以依法实施集体土地征收。从本条条文意思理解，只要因公共利益确需征收房屋的，市、县级人民政府即可以作出房屋征收决定，而不需要询问被征收人的意愿，征得其同意。但是，真是如此吗？答案是否定的。

一方面，从法律后果来看，集体土地原属于农村集体所有，而征收行为将直接导致土地性质由集体所有改为国家所有的重大变化，直接影响原有集体土地的所有权人、使用权人及地上房屋所有权人的私有财产权，是对他们土地相关权利的根本剥夺，因此，政府征地时必须依照法律规定的正当程序，尊重相关权利人的意愿。

另一方面，从法律规定的征地程序来看，房屋征收也必须征得被征收人的同意。例如，《土地管理法》第47条规定，市、县级人民政府拟申请征收土地的，应当开展社会稳定风险评估，并将征收范围、土地现状、征收目的、补偿标准、安置方式和社会保障等在拟征收土地所在的乡（镇）和村、村民小组范围内进行公示，听取被征地的农村集体经济组织及其成员、村民委员会和其他利害关系人的意见。多数被征地的农村集体经济组织成员认为征地补偿安置方案不符合法律、法规规定的，县级以上地方人民政府应当组织召开听证会，并根据法律、法规的规定和听证会情况修改方案。在前述前期工作完成之后，县级以上地方人民政府方可申请征收土地。虽然《土地管理法》没有明确规定，农村集体经济组织及其成员、村民委员会和其他利害关系人中多数人对土地征收持反对意见的能否阻却征收工作，但相应的市、县级人民政府在此种情况下就不应该再作出征收决定。这是因为，多数人的反对实际是对征收是否确实符合公共利益的需要的质疑；如果执意征收，征收过程中将导致矛盾、纠纷频发，带来的损害可能远远大于期望实现的公共利益。

23. 因建设项目施工和地质勘查需要临时使用集体土地的，能否征收土地？

在实践中，某个建设项目施工虽然在国有土地或已被征收的集体土地上进行，但为推进项目施工，难免会临时占用临近的集体土地，如修建临时性建筑材料堆场、加工车间，铺设临时性道路、管线等。同时，为探明某一区块的地质条件、矿产资源等，也可能临时占用集体土地进行勘测、钻探及地质试验等。因上述建设项目施工和地质勘查等需要临时使用集体土地的，是否要先行征收所占用的集体土地呢？答案是否定的。

因建设项目施工和地质勘查用地，一般都是临时性的，只是暂时性的土地使用权转移，土地的所有权不会发生变化。也就是说，临时占用的土地仍然是集体经济组织或村民委员会所有，但土地的使用权人暂时会发生变化，由原土地的使用权人变为项目建设单位或地质勘查单位。

在这种情况下，项目建设单位或地质勘查单位只需要与临时用地所属的集体经济组织或村民委员会签订临时使用土地合同即可，无须征收土地。但须注意的是，根据《土地管理法》第57条的规定，建设项目施工和地质勘查需要临时使用集体土地的，首先，必须履行审批程序，报请县级以上人民政府自然资源主管部门批准；其次，临时使用土地的使用者必须按照签订的临时使用土地合同的约定支付临时使用土地补偿费；最后，临时使用土地的使用者应当按照临时使用土地合同约定的用途使用土地，并不得修建永久性建筑物，进而改变临时使用土地的性质。

临时使用土地期限一般不超过二年。

24. 因抢险救灾急用土地的，可以不办手续先用地吗?

我国中东部地区河道众多，夏季汛期时河水经常处于高位，严重威胁沿岸居民的生命和财产安全。为此，河流沿岸人民政府常会在汛期临时征用部分沿岸集体土地，用于修筑防洪工事或建设排水管道等，汛期过后再予以归还。这种因抢险救灾需要紧急征用土地的，可以不办手续先用地吗?

防洪抗灾等抢险救灾行为具有事发突然性、时间紧急性、影响重大性等特点，为保障抢险救灾活动的顺利进行，保护潜在受灾人民群众的生命与财产安全，我国法律对此作了特殊规定，因抢险救灾急用土地的，可以先不办用地审批手续直接用地。根据《土地管理法实施条例》第27条的规定，抢险救灾等急需使用土地的，可以先行使用土地。其中，属于临时用地的，灾后应当恢复原状并交还原土地使用者使用，不再办理用地审批手续；属于永久性建设用地的，建设单位应当在灾情结束后6个月内申请补办建设用地审批手续。因此，因抢险救灾急用土地的，并非完全不需要办理相关手续，在临时用地时，只要灾后交还土地的，可以不再办理用地审批手续；但若是永久使用土地，建设了永久性建筑物或其他构筑物的，用地审批手续是缓办，也就是无须事先办理，而是在灾后6个月内补办。

25. 非农建设是否只能使用国有土地?

根据2004年《土地管理法》第43条的规定，兴办乡镇企业或村民建设住宅，可以经依法批准使用本集体经济组织农民集体所有的土地，或者乡（镇）村公共设施和公益事业建设经依法批准可以使用农民集体所有的土地，除此之外，任何单位和个人进行建设，需要使用土地的，必须依法申请使用国有土地。这一制度在1998年《土地管理法》第一次修订后得以确立，有效遏制了当时严重的开发区热、房地产热，有效防止了耕地面积的锐减。但是，随着我国经济社会的快速发展，各类建设用地需求日益高涨，国有建设用地，特别是大中型城市的国有建设用地已无法满足用地需求。

国有建设用地的紧张，一方面，导致用地竞争日益激烈，土地价格被不断抬高，直接引起了房价的快速上涨；另一方面，部分地方为促进本地经济发展或满足个别群体、个别人的私利，违法占用集体建设用地甚至是农用地的情况频繁，既侵害了农村集体经济组织和村民的合法权益，也严重威胁了国家耕地安全。为此，2013年，党的十八届三中全会通过《中共中央关于全面深化改革若干重大问题的决定》，强调建立城乡统一的建设用地市场，要求“在符合规划和用途管制前提下，允许农村集体经营性建设用地出让、租赁、入股，实行与国有土地同等入市、同权同价”。2015 年年初，经全国人大常委会授权，全国 33 个县（市、区）开展“三块地”改革试点，即农村土地征收、集体经营性建设用地入市和宅基地制度改革试点。

允许集体经营性建设用地入市，带来的益处是显著的。一方面，允许集体经营性建设用地入市，有利于实现建设用地市场供地主体多元化，改变原有地方人民政府是唯一供地主体的情况，在增加土地供应量的同时，因集体经营性建设用地土地一级开发成本较低，也能拉低地价，进而缓解房价上涨压力。另一方面，允许集体经营性建设用地入市，有利于提高农村村民收入。随着农村新型经济形态的不断涌现，新经济对建设用地的需求日益明显，允许集体经营性建设用地入市，减少了新经济用地程序，有利于农村新经济的发展；更重要的是，集体经营性建设用地入市收益直接归属于农村村民，村民也可就近多元化就业。

为解决集体经营性建设用地入市的法律障碍，2019 年《土地管理法》删除了原第 43 条关于从事非农业建设必须使用国有土地的规定，同时修改第 63 条、新增第 64 条，允许土地所有权人将土地利用总体规划、城乡规划确定为工业、商业等经营性用途并经依法登记的集体经营性建设用地，通过出让、出租等方式交由单位或者个人使用。因此，非农建设并非一定要使用国有土地。

26. 永久基本农田能够被征收吗?

基本农田是指我国按照一定时期人口和社会经济发展对农产品，特别是粮食的需求，依据土地利用总体规划确定的不得随意占用的耕地。而在“基本农田”的表述前冠以“永久”两字，强调的是基本农田无论什么情况下都不得被以任何方式挪作他用。我国是人口大国，粮食需求量巨大，虽现在粮食可以通过进口解决，但依赖进口不利于国家粮食安全，甚至危及国家安全。因此，必须确保粮食的基本自给自足，而这就需要保证国家有足够用于粮食生产的耕地。为此，国务院印发的《全国土地利用总体规划纲要（2006—2020年）》明确提出要守住18亿亩耕地红线——中国耕地保有量到2010年和2020年分别保持在18.18亿亩和18.05亿亩，确保15.6亿亩基本农田数量不减少、质量有提高。而将优质耕地划为永久基本农田，严控城市化进程对耕地特别是优质耕地的侵占，对于严守耕地红线具有重要意义。

根据《土地管理法》第33条的规定，我国实行永久基本农田保护制度，下列耕地应当根据土地利用总体规划划为永久基本农田，实行严格保护:（1）经国务院农业农村主管部门或者县级以上地方人民政府批准确定的粮、棉、油、糖等重要农产品生产基地内的耕地；（2）有良好的水利与水土保持设施的耕地，正在实施改造计划以及可以改造的中、低产田和已建成的高标准农田；（3）蔬菜生产基地；（4）农业科研、教学试验田；（5）国务院规定应当划为永久基本农田的其他耕地。为加强永久基本农田保护，按照规定，各省、自治区、直辖市划定的永久基本农田一般应当占本行政区域内耕地的80%以上，具体比例由国务院根据各省、自治区、直辖市耕地实际情况另行规定。

虽然《土地管理法》规定了永久基本农田经依法划定后，任何单位和个人不得擅自占用或者改变其用途，但是，永久基本农田的权属、用途并不是完全无法变更的。如果因公共利益确需征收永久基本农田，经法定程序后仍可以征收。《土地管理法》第35条即规定，因国家能源、交通、水利、军事设施等重点建设项目选址确实难以避让永久基本农田的，可以依法征收。而为保护永久基本农田，《土地管理法》为其专用审批和征收批准设置了更高的权限要求与程序要求。根据《土地管理法》第46条的规定，征收永久基本农田应当由国务院批准。

应当注意的是，通过对实践中原有一些故意规避法律规定征收基本农田行为的反思，2019年《土地管理法》第35条第2款明确规定，禁止通过擅自调整县级土地利用总体规划、乡（镇）土地利用总体规划等方式规避永久基本农田农用地转用或者土地征收的审批。

27. 农用地转为建设用地是否需要审批?

为保证土地资源的合理利用和经济、社会协调发展，我国实行严格的土地用途管制制度。根据《土地管理法》第4条的规定，根据土地用途的不同，我国的土地类型可分为农用地、建设用地和未利用地。其中，农用地是指直接用于农业生产的土地，包括耕地、林地、草地、农田水利用地、养殖水面等；建设用地是指建造建筑物、构筑物的土地，包括城乡住宅和公共设施用地、工矿用地、交通水利设施用地、旅游用地、军事设施用地等；未利用地是指农用地和建设用地以外的，暂无明确用途的土地。因建设用地对土地实施的深挖、硬化等措施会使得土地失去耕种能力，出于保护植被、保护粮食供应等目的，我国现行法律严格限制农用地转为建设用地。

在实践中，随着我国城市的不断扩张，现存建设用地已无法满足建设需求，城市的发展急需占用周边的农用地；部分交通水利设施用地、旅游用地等因区位因素的要求，也不得不占用农用地。为了对上述建设占用农用地的情况加以控制，国家在《土地管理法》中规定了因建设需要占用农用地的，应当办理农用地转用审批手续。

28. 农用地转用审批的权限分配是怎么样的?

农用地转用又称农用地转为建设用地，它是我国现行土地用途管制制度下为满足建设用地需求，同时加强农用地保护而采取的一项审批制度。它具体是指将土地利用现状调查确定的农用地依据土地利用总体规划、土地利用年度计划以及国家规定的审批权限报批后转变为建设用地的行为。

我国现行农用地转用审批采取分级分类的模式。根据《土地管理法》第44条的规定，首先，永久基本农田转为建设用地的，由国务院批准。其次，在土地利用总体规划确定的城市和村庄、集镇建设用地规模范围内，为实施该规划而将永久基本农田以外的农用地转为建设用地的，按土地利用年度计划分批次按照国务院规定由原批准土地利用总体规划的机关或其授权的机关批准；在已批准的农用地转用范围内，具体建设项目用地可以由市、县级人民政府批准。最后，在土地利用总体规划确定的城市和村庄、集镇建设用地规模范围外，将永久基本农田以外的农用地转为建设用地的，由国务院或者国务院授权的省、自治区、直辖市人民政府批准。

需要说明的是，在上述第二种情况下，采取的是农用地转用审批与具体建设项目用地审批相分离的制度，使得在已批准的农用地转用范围内，具体建设项目用地可以由市、县级人民政府批准，且不再实行限额审批。这一制度安排，在严格控制农用地转为建设用地的同时，也能够充分调动市、县级人民政府按照城市和集镇、村庄规划合理使用土地的积极性。

29. 土地利用总体规划确定规模范围内外的农用地审批权限为什么会有所不同？

根据《土地管理法》第44条的规定，永久基本农田以外的农用地转为建设用地的，依照是否在土地利用总体规划确定的城市和村庄、集镇建设用地规模范围内，审批权限是有所不同的。若在范围内，按土地利用年度计划分批次按照国务院规定由原批准土地利用总体规划的机关或者其授权的机关批准；在已批准的农用地转用范围内，具体建设项目用地可以由市、县人民政府批准。若不在范围内，由国务院或者国务院授权的省、自治区、直辖市人民政府批准。总结两者的区别，实际上是将在土地利用总体规划确定的城市和村庄、集镇建设用地规模范围内的农用地转用审批权限下放了，将在范围外的农用地转用审批权限上收了。为什么会有此不同呢？

这是因为，土地利用总体规划是根据国家社会经济可持续发展的要求和当地自然、经济、社会条件，对土地利用的科学规划，并且已经经过了对应审批。在土地利用总体规划确定的城市和村庄、集镇建设用地规模范围内实施农用地转用，受土地利用总体规划的科学指导，随意性小，需审批内容与审批强度较小，审批权限可以下放。而在土地利用总体规划确定的城市和村庄、集镇建设用地规模范围外实施农用地转用，缺乏土地利用总体规划的科学指导，可能不符合国家社会经济可持续发展的要求和当地自然、经济、社会条件，弊大于利。为保障农用地转用的科学合理，防止地方政府因短期利益诱惑、私人利益肆意审批，就有必要上收审批权。

30. 农用地经转用审批后是否就可以直接用于建设？

农用地转用审批制度，是我国土地用途管制制度下为满足建设需要实施的土地用途变更审批制度，它实现的是土地用途由农用地转变为建设用地。完成转用审批后，土地所有权人与使用权人便可以利用该幅土地进行建设活动。而为实现《土地管理法》第45条规定的由政府组织实施的能源、交通、水利、通信、邮政等基础设施建设需要用地的，仅实现土地用途的变更是不充分的，还需要实现土地权属的变更，即土地须由集体所有变为国家所有。土地权属的变更，就需要履行土地征收程序。因此，为实现《土地管理法》第45条规定的6项公共利益的需要，在履行了农用地转用审批手续后，还需要履行集体土地征收程序。或者说，征收农用地的，在履行土地征收程序前，应当先行办理农用地转用审批。

为提高土地利用时效，确保各项因公共利益需要的建设活动及时启动，《土地管理法》规定了应尽量保证对农用地转用的审批和对其征地的审批在同一个政府一次办理；若两项申请的审批权限不同，则应当遵循征地审批权“就高不就低”的原则，征地由更高一级的人民政府审批。具体而言，根据《土地管理法》第 46 条的规定，经国务院批准农用地转用的，同时办理征地审批手续，不再另行办理征地审批；经省、自治区、直辖市人民政府在征地批准权限内批准农用地转用的，同时办理征地审批手续，不再另行办理征地审批；超过省、自治区、直辖市人民政府征地批准权限的，在由上述人民政府进行农用地转用审批后，征地审批由国务院处理。

31. 市、县级人民政府是否可以直接作出征地决定?

根据《国有土地上房屋征收与补偿条例》的规定，市、县级人民政府负责本行政区域的房屋征收与补偿工作，在有确需征收房屋的情形时，可以依法作出房屋征收决定，并且无须报上级人民政府（国务院或省级人民政府）审批。那么，在征收集体土地时，市、县级人民政府是否也可以径自作出呢？答案是否定的。

就法律规定而言，《土地管理法》第45条虽采取了类似于《国有土地上房屋征收与补偿条例》的表述，有确需征收农民集体所有土地的，可以依法实施征收。但不同的是，第45条没有明确规定“由市、县级人民政府作出房屋征收决定”。而《土地管理法》第46条则明确指出了征收集体土地的，采取国务院与省级人民政府两级审批制。具体来说，征收以下土地的，由国务院批准：（1）永久基本农田；（2）永久基本农田以外的耕地超过35公顷的；（3）其他土地超过70公顷的。除上述范围外的土地，征收由省、自治区、直辖市人民政府批准。结合实践，可以明确的是，征收集体土地的，征收决定仍然由被征收土地所属的市、县人民政府作出，但需要根据征收土地的类型、面积分别报国务院或省级人民政府审批。征收集体土地采取审批制，主要是基于以下两个原因：首先，征收集体土地的，涉及土地所有权的变更，从集体所有变为国家所有，而征收国有土地上房屋的，土地性质并没有改变，仅是收回了国有土地的使用权；其次，征收集体土地，特别是征收永久基本农田及其他耕地的，会影响国家耕地总量，进而影响到国家粮食供给，必须严格限制，依法进行审批。

32. 同一项目能否拆分为几个批次申报征地手续？

根据现有的集体土地征收审批权限，征收集体土地涉及永久基本农田、永久基本农田以外的耕地超过35公顷的，或者其他土地超过70公顷的，由国务院批准，其他土地征收由省、自治区、直辖市人民政府批准。个别地方政府采取了化整为零的策略，将一个项目用地拆分为多个进行土地征收审批。这种化整为零，将同一个项目拆分为多个进行征地审批的行为，既有违现有的人民政府审批权限划分原则，容易导致地方政府滥权，也不利于土地保护、被征收人合法权益保护。

现行《土地管理法》将集体土地征收审批权限设置为国务院与省级人民政府两级，主要是基于土地保护，特别是耕地保护的需求，防止地方政府盲目追求经济发展或个人政绩，滥征滥用土地，破坏国家土地安全。将本应由国务院进行征地审批的项目拆分为几个批次进行报批，以实现在省级人民政府一级审批的目标，是对《土地管理法》的根本违反。国务院2004年出台的《关于深化改革严格土地管理的决定》第2条已经明确要求，农用地转用和土地征收的审批权在国务院和省、自治区、直辖市人民政府，各省、自治区、直辖市人民政府不得违反法律和行政法规的规定下放土地审批权。同时，该决定还明确规定，严禁规避法定审批权限，将单个建设项目用地拆分审批。

33. 征收土地是否需要公告，公告应如何作出？

为保障被征收土地的所有权人、使用权人对土地征收事项的知情权，保护农村集体经济组织、农村村民或者其他权利人的合法权益，征收土地应当进行公告。根据《土地管理法》第47条的规定，县级以上地方人民政府拟申请征收土地的，应当将征收范围、土地现状、征收目的、补偿标准、安置方式和社会保障等在拟征收土地所在的乡（镇）和村、村民小组范围内公告至少30日，听取被征地的农村集体经济组织及其成员、村民委员会和其他利害关系人的意见。

结合《土地管理法》的规定以及实践做法，对征收土地公告的主体、形式、时间等要求如下：

首先，征收土地公告的主体是被征收土地所在地的市、县级人民政府，该市、县人民政府自然资源主管部门负责具体实施。而公告的对象是被征地农村集体经济组织、农村村民及其他权利人。

其次，就公告的形式而言，为保证公告能为全部公告对象知悉，要求公告应当以书面形式在被征收土地所在地的村、组内作出。征收乡（镇）农民集体所有土地的，在乡（镇）人民政府所在地进行公告。

再次，就公告的时间而言，为保障公告的及时性，被征收土地所在地的市、县级人民政府应当在拟征收土地现状调查和社会稳定风险评估之后及时作出，以便被征地的农村集体经济组织成员对征收补偿安置方案提出修改建议及办理补偿登记。

最后，就公告的法律结果而言，公告起到了通知的作用。多数被征地的农村集体经济组织成员认为公告的征地补偿安置方案不符合法律、法规规定的，县级以上地方人民政府应当组织召开听证会，并根据法律、法规的规定和听证会情况修改方案。同时，拟征收土地的所有权人、使用权人应当在公告规定期限内，持不动产权属证明材料办理补偿登记。

34. 政府未发布征地公告，直接对土地采取填方培土等整理措施，村民应当怎样应对?

征地公告是征收农村集体土地前期工作的必备一环，既保障了作为被征收人的农村集体经济组织及其成员的知情权和提出意见的权利，也能够提前暴露出征收土地可能存在的问题，将问题的解决前置化，能够推进取得征收批准后整个征收补偿安置工作顺利开展。因此，根据《土地管理法》的规定，市、县人民政府拟征收农村集体土地的，必须在征地申请前进行征地公告，告知被征地的农村集体经济组织及其成员、村民委员会和其他利害关系人，听取上述人员的意见，并根据拟征收土地的所有权人、使用权人的意见及补偿登记情况确定最终征收及补偿安置方案、费用情况等。

市、县人民政府“未征先用”——未发布征地公告，未取得征地批准并进行征地补偿安置，就直接对土地采取填方培土等整理措施，是严重的程序违法行为，本质上是地方政府非法侵占农村集体土地。土地的所有权人、使用权人一方面有权拒绝办理征地补偿登记手续，拒签征地补偿安置协议，另一方面也有权要求地方政府停止非法侵占行为，并向上一级人民政府提起申诉，或直接向上一级人民政府申请行政复议，或者向人民法院提起行政诉讼。

35. 征收土地公告应当包括哪些内容？

征收土地公告作为被征收土地所在地的市、县级人民政府对土地征收事宜的首次正式告知，既要达到满足被征地农村集体经济组织、农村村民或者其他权利人基本知情权的目的，又要为后续拟定征地补偿、安置方案服务，为后续方案的确定提供被征收人数量、家庭情况等数据支撑。为此，征收土地公告的内容应当包括土地征收的背景、基本情况，还要包括与后续征地补偿、安置方案相衔接的内容。

为实现上述要求，《土地管理法》结合实践经验与制度目的，明确了征收土地公告主要应当包括以下6点内容：（1）征收范围；（2）土地现状；（3）征收目的；（4）补偿标准；（5）安置方式；（6）社会保障。因被征收土地的实际使用权人和其他权利人情况不一定为被征收土地所在地的市、县级人民政府所掌握，所以在征地公告中无法明确，需经被征地农村集体经济组织、农村村民或者其他权利人办理征地补偿登记手续后才能确定。

36. 拟征收土地现状调查是什么？

土地现状调查是指以一定行政区域或自然区域（或流域）为单位，查清区域内各种土地利用类型及相应的面积、分布和利用状况，形成土地利用现状调查报告，为区域土地规划、利用服务的资源调查。拟征收土地现状调查，则是拟作出土地征收决定的市、县人民政府组织的，以拟征收土地范围为限，对拟征收土地范围内的各种土地利用类型、面积、分布和利用状况，以及拟征收土地的权属、居民情况等的调查。市、县人民政府可以此为参考，评估拟征收的集体土地是否适合征收，是否存在法规政策及现实障碍；预估拟征收土地的补偿与安置成本是否超过征收土地可实现的公共利益；确定拟征收土地是否存在影响征收的其他情况。

拟征收土地现状调查一般由自然资源主管部门牵头，由自然资源、城乡建设、统计等部门共同进行。根据《关于进一步开展土地资源调查工作的报告》《土地利用现状调查技术规程》等的规定，土地现状调查一般包括以下步骤：(1)调查的准备工作；(2)外野调绘；(3)航片转绘；(4)土地面积量算；(5)编制土地利用现状图；(6)编写土地利用现状调查报告；(7)调查成果的检查验收；(8)成果资料上交归档。

土地利用现状调查成果一般包括以下4类：(1)各类土地面积统计表；(2)土地利用现状图；(3)土地利用现状调查报告，土地利用现状调查说明书；(4)土地边界接合图表。调查工作的野外记录、调绘航片、计算数据、图件等原始资料，应整理装订成册，由自然资源主管部门归档保管。

37. 社会稳定风险评估一般包括哪些内容？

社会稳定风险评估，是指人民政府拟作出的与人民群众利益密切相关的重大决策、重大政策、重大改革措施、重大工程建设、与社会公共秩序有密切关系的重大活动等在制定出台、审核批准、组织实施前，对上述事项中可能影响社会稳定的因素展开系统的调查，科学的预测、分析和评估，制定风险应对策略和预案。

根据《土地管理法》第47条的规定，市、县人民政府拟申请征收土地的，应当开展社会稳定风险评估工作。农村集体土地征收补偿领域是社会矛盾的高发地，土地征收中产生的纠纷也极易扩大，严重影响社会稳定。为此，《土地管理法》第47条规定社会稳定风险评估作为土地征收决定作出前的必经程序，通过风险评估及时发现土地征收中可能存在的影响社会稳定的风险点，并提早采取有效措施予以化解，能够从源头上防控土地征收矛盾纠纷，防患于未然。因此，社会稳定风险评估的主要内容即对可能影响社会稳定的潜在风险点的全面排查。

一般来说，社会稳定风险评估的主要内容如下：（1）拟征收的集体土地的基本情况和征收的必要性、合法性和合理性；（2）征收集体土地是否符合当地的经济社会发展总体状况；（3）征地补偿安置方案是否能为绝大多数被征收人所接受，是否兼顾了被征收人整体利益和社会总体利益，是否公平、公正、公开；（4）土地征收补偿安置工作的各项准备工作是否充分，如征收补偿标准是否符合当地经济社会发展水平，补偿资金、安置房源是否到位，对困难家庭是否提供充分保障，房屋征收政策日的等是否宣传公示到位等；（5）土地征收是否会引起征收区片内或周边居民的不满，是否会对周边的其他土地征收项目产生重大影响，征收补偿标准是否与周边的其他土地征收项目有较大差别；（6）征收项目的施工是否有障碍或者安全风险隐患，是否会对周边环境产生较大影响，是否会造成周边群众生产、生活较大的不方便，房屋拆除工地管理是否符合规定；（7）土地征收的社会稳定风险防范对策和应对措施是否齐备；（8）土地征收的相关配套制度是否齐全，如公示制度、信访接待制度、责任承诺制度、举报制度、监督制度、责任追究制度等；（9）是否存在可能引发社会稳定风险的其他因素。

38. 社会稳定风险评估应当如何展开？

社会稳定风险评估虽然在2019年才首次纳入《土地管理法》，但该制度在《国有土地上房屋征收与补偿条例》中规定已久，部分地区也进行了相应的实践。结合实践经验和地方规定，社会稳定风险评估已有一定的可参照定式。

首先，就实施社会稳定风险评估的主体而言，参考各地方实践，目前主要有3种模式：一是由市、县级人民政府组织实施；二是由土地征收部门组织实施；三是由项目主管部门组织实施。

其次，就评估的形式而言，主要也有3种：（1）公开的形式；

（2）部分公开的形式；（3）不公开的形式。社会稳定风险评估应当以公开为主要形式，这是因为集体土地征收因公共利益需要而为，公众知晓、公众参与是必需的，《土地管理法》的制度设置也是如此。公众参与的方式包括通过网络、报刊、问卷调查、民意测验、座谈走访、听证会等渠道向社会公开征求意见。而部门论证、专家咨询、专业机构测评可以采取半公开的方式进行。最后的决策可以采用不公开的形式。

再次，就评估的程序而言，根据中共中央办公厅、国务院办公厅《关于建立健全重大决策社会稳定风险评估机制的指导意见（试行）》的规定，社会稳定风险评估一般包括以下步骤：（1）制订评估方案。评估责任部门对已确定的评估事项制订评估方案，做好各项准备工作。（2）准确识别风险。评估责任部门根据实际情况，采取专家咨询、专题座谈、抽样调查、实地勘查、听证会等形式，广泛征求人大、政协以及信访、维稳等部门的意见，认真听取相关利益群体的诉求，准确识别社会稳定风险。（3）形成评估报告。评估责任部门对评估事项实施后可能引发的各种社会稳定风险进行综合衡量、分析和评估，根据风险发生的概率和后果制定对策和处置、化解预案，作出分析和评估结论，形成评估报告。（4）确定风险等级。作出土地征收决定的市、县人民政府组织有关方面对决策方案中的社会稳定风险评估内容进行全面审查，确定项目风险等级。（5）建立分级报告备案制度。根据社会稳定风险评估确定的风险等级由不同部门进行备案。（6）全程跟踪实施。集体土地征收实施后，有关市、县人民政府部门要不间断地听取社会公众评价意见，及时发现新的风险隐患，调整对策措施，确保评估事项顺利推进。评估部门、项目所在地区和维稳部门要坚持对评估事项进行全程跟踪，加强动态检查和评价，不断改进完善维稳措施。

最后，就评估结论而言，评估结论是评估报告的一部分，更是土地征收决定的必要依据。风险等级的大小，决定着能否实施土地征收。目前，全国并无统一的、法定的社会稳定风险等级，仅部分地方有规定。在实际实施中，许多地方的社会稳定风险评估流于形式，报告多为随意编造，并没有起到预防房屋征收风险的作用，亟待改善。

39. 土地征收批准后多年才实际征收使用的，该如何处理？

部分地方政府为扩大城市面积，增加可用于开发建设的国有建设用地面积，在尚未确定建设规划或者建设规划确定之初，便早早地向国务院或者省级人民政府申请批准征收农村集体土地并获得了相关批准文件。但是，基于开发资金不足、实际建设项目没有到位等原因，相关政府在获得征地批准后并未实际征收农村集体土地，未进行征地补偿安置以及开发建设，直到数年后，项目到位、资金充足后再去实际征收使用土地。那么，像这样土地征收批准后多年才实际征收使用的，当时获得的批准文件还有效吗？

像这样土地征收后多年才实际征收的，极易造成被征收土地的闲置，特别是被征收耕地的闲置，并不符合我国土地资源，特别是耕地资源保护的原则。为节约利用土地，保护农用地资源，我国实行严格的农用地转用和土地征收审批制度，“征而不用”根据现有法律法规是明确禁止的。

一方面，2019年新修正的《土地管理法》第47条明确规定了，在确保征收补偿相关费用足额到位，与拟征收土地的所有权人、使用权人就补偿、安置等签订协议后，地方政府方能申请征收土地。同时，根据第45条的规定，在审批征收土地申请时，相应具有审批权限的人民政府须对土地征收是否为了公共利益的需要，是否具有具体的建设规划进行审核，如不存在的，不应予以审批。基于上述规定，地方政府在申请土地征收前应明确具体建设项目，在土地征收申请被批准后也需要马上根据土地征收补偿、安置的相关协议履行义务，完成征收程序，杜绝“征而不用”的现象。

另一方面，《土地管理法》也明确规定了任何单位和个人都不得闲置、荒芜耕地。根据《土地管理法》第38条的规定，已经办理审批手续的非农业建设占用耕地，一年内不用而又可以耕种并收获的，应当由原耕种该幅耕地的集体或者个人恢复耕种，也可以由用地单位组织耕种；一年以上未动工建设的，应当按照省、自治区、直辖市的规定缴纳闲置费；连续二年未使用的，经原批准机关批准，由县级以上人民政府无偿收回用地单位的土地使用权；该幅土地原为农民集体所有的，应当交由原农村集体经济组织恢复耕种。上述规定，也明确了要杜绝“征而不用”造成的土地资源，特别是耕地资源的浪费。

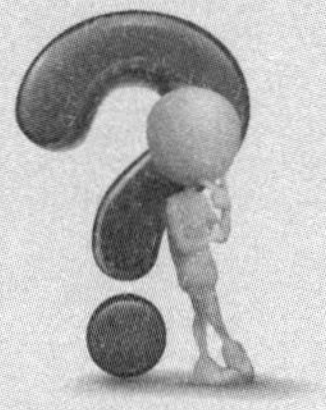

第三章

CHAPTER 3

征地补偿安置

第一节　征地补偿安置方案

40. 征地补偿安置方案应当包括哪些内容？

征地补偿安置方案是由拟作出征地决定的市、县级人民政府自然资源主管部门作出，并经由市、县级人民政府批准的对土地征收范围内被征收人的土地补偿、安置途径等的具体安排。根据《土地管理法》第47条的规定，拟申请征收土地的地方人民政府，应当在申请征地前对征地补偿安置方案予以公告。多数被征地的农村集体经济组织成员认为征地补偿安置方案不符合法律、法规规定的，县级以上地方人民政府应当组织召开听证会，并根据法律、法规的规定和听证会情况修改方案。

结合《土地管理法》的规定及实践做法，征地补偿安置方案一般主要包括以下6个方面的内容：（1）被征收土地的位置、地类、面积，地上附着物和青苗的种类、数量，需要安置的农业人口的数量；（2）土地补偿费的标准、数量、支付对象和支付方式；（3）安置补助费的标准、数额、支付对象和支付方式；

（4）地上附着物和青苗的补偿标准和支付方式；（5）农业人员的具体安置途径；（6）其他有关征地补偿、安置的具体措施。

根据《土地管理法》的规定，征收农用地的土地补偿费、安置补助费标准由省、自治区、直辖市通过制定公布区片综合地价确定；征收农用地之外的其他土地、地上附着物和青苗等的补偿标准由省、自治区、直辖市制定。

41. 制订征地补偿安置方案应当坚持什么原则？

根据《土地管理法》第48条的规定，制订征地补偿安置方案，应当坚持公平、合理补偿的原则，保障被征地农民的原有生活水平不降低、长远生计有保障。

根据2004年《土地管理法》第47条的规定，征收土地的，按照被征收土地的原用途给予补偿；征收耕地的补偿费用包括土地补偿费、安置补助费以及地上附着物和青苗的补偿费。征收耕地的土地补偿费，为该耕地被征收前三年平均年产值的六倍至十倍；征收耕地的安置补助费，按照需要安置的农业人口数计算，每一个需要安置的农业人口的安置补助费标准，为该耕地被征收前三年平均年产值的4~6倍。上述土地补偿费和安置补助费，尚不能使需要安置的农民保持原有生活水平的，经省、自治区、直辖市人民政府批准，可以增加安置补助费；但是，土地补偿费和安置补助费的总和不得超过土地被征收前三年平均年产值的 30 倍。这即所谓的“30 倍上限”规定。

“30 倍上限”的规定在 2004 年《土地管理法》制定颁布之初，确实能够满足农村被征地安置农民保持原有生活水平的需要。但是，随着我国经济社会的快速发展，人民的生活水平与生活成本都在快速提高和增长，但土地产值的增长却并未跟上人民生活水平和生活成本的发展速度，这导致“30 倍上限”越来越无法满足保障被征地人民原有生活水平的需要。一些地方又存在着违法违规征地、强占乱占农民土地的现象，补偿标准低于国家法定标准，激化了土地征收中征地双方的矛盾，严重影响了社会稳定。

为解决上述问题，2019 年《土地管理法》第 48 条明确要求征收土地应当给予公平、合理的补偿，保障被征地农民原有生活水平不降低、长远生计有保障。新法取消了“30 倍上限”，为保障被征地农民的生活，土地补偿费和安置补助费的总和可以超过土地被征收前三年平均年产值的 30 倍。

42. 征地补偿安置如何实现公平、合理的补偿？

2019 年《土地管理法》为实现征收土地公平、合理的补偿，保障被征地农民原有生活水平不降低、长远生计有保障，不仅取消了原有的“土地补偿费和安置补助费的总和不得超过土地被征收前三年平均年产值的30倍”的“30倍上限”规定，还从以下4个方面作出了规定。

首先，明确了征地补偿安置费用包括土地补偿费、安置补助费以及农村村民住宅、地上附着物和青苗等的补偿费用。同时，鉴于我国农村社会保障体系普及率相对较低，为发挥社会保障体系对被征地农民基本生活的保障作用，《土地管理法》借鉴了部分地方立法的有益经验，还明确了征收土地时，征地的市、县级人民政府应当将被征地农民纳入相应的养老等社会保障体系。市、县级人民政府安排的社会保障费用主要用于符合条件的被征地农民的养老保险等社会保障的补缴补贴。

其次，重新确定了征收农用地的土地补偿费、安置补助费的标准。征收农用地的土地补偿费、安置补助费的标准由省、自治区、直辖市通过制定公布区片综合地价确定。制定区片综合地价应当综合考虑被征收土地原用途、土地资源条件、土地产值、土地区位、土地供求关系、人口以及经济社会发展水平等因素，并根据经济社会发展水平适时调整。这样的制度安排改变了原有“30倍上限”规定仅以土地产值为准的僵化规定，使得土地补偿费、安置补助费的标准能够随着经济社会的发展而逐步提高。

再次，首次规定了征收农村村民住宅的补偿标准。征收农村村民住宅的，应当按照先补偿后搬迁、居住条件有改善的原则，尊重农村村民意愿，采取重新安排宅基地建房、提供安置房或者货币补偿等方式给予公平、合理补偿，保障其居住权和合法的住房财产权益。又鉴于我国各地情况的差异性，征收农村村民住宅补偿的具体办法由所在地省、自治区、直辖市制定。

最后，明确了征收农用地之外的其他土地、地上附着物和青苗等的补偿标准，以及被征地农民社会保障费用的筹集、管理和使用办法由省、自治区、直辖市制定。这是考虑到征收农用地是直接剥夺了被征地农民赖以谋生的基础，必须明确其征地补偿安置标准，以确保被征地农民的生活。而征收非农用地的建设用地、未利用地，对农村村民的基本生活影响相对较小，且集体所有的非农用地保有量相对较少，各地情况也有所不同，于是相关补偿安置标准就交由省、自治区、直辖市制定。

43. 什么是征地区片综合地价?

征地区片综合地价，是指在城镇行政区土地利用总体规划确定的建设用地范围内，依据地类、产值、土地区位、农用地等级、人均耕地数量、土地供求关系、当地经济发展水平和城镇居民最低生活保障水平等因素，划分区片并测算的征地综合补偿标准，原则上不含地上附着物和青苗的补偿费。2004 年，国务院印发的《关于深化改革严格土地管理的决定》提出省级地方人民政府要制定并公布各市、县征地的统一年产值标准或区片综合地价，并以此为标准开展征地补偿工作，首次明确将区片综合地价作为征地补偿的标准。随后，原国土资源部印发了《关于完善征地补偿安置制度的指导意见》及《关于开展制订征地统一年产值标准和征地区片综合地价工作的通知》（现均已失效），明确将区片综合地价标准作为征地补偿标准进行推广。

鉴于我国各地经济发展水平不一，制定征地区片综合地价受经济发展水平、城镇社会保障水平、农用地分等定级工作进展情况等因素限制，区片综合地价标准在2004年提出之初并未在全国全面推广，比较适宜于大中城市建设用地范围。因此，原国土资源部规定东部地区城市土地利用总体规划确定的建设用地范围，应制定征地区片综合地价；中、西部地区大中城市郊区和其他有条件的地区，也应积极推进区片综合地价制定工作；其他暂不具备条件的地区可制定统一年产值标准，但要积极创造条件，逐步推进区片综合地价的制定。

而随着我国各地经济发展水平的不断提高，农村村民的生活水平也在不断提高，2004年《土地管理法》规定的统一年产值标准的弊端越来越凸显，如果继续适用，将侵害到被征地农民的合法权益。同时，随着十多年的实践，我国各地均已具备了制定区片综合地价的条件，区片综合地价的全面推广已不存在障碍。基于此，为了维护被征地农民的合法权益，做到同地同价，真正使被征地农民原有生活水平不降低，得到公平、合理的补偿，2019年《土地管理法》第48条明确提出征收农用地的土地补偿费、安置补助费标准由省级地方人民政府制定公布区片综合地价确定，废除了原有的统一年产值标准。至此，区片综合地价标准成为我国唯一的确定征地补偿安置费用的全国性标准。

44. 征地区片综合地价如何确定?

根据《土地管理法》第48条的规定，制定征地区片综合地价，应当综合考虑土地原用途、土地资源条件、土地产值、土地区位、土地供求关系、人口以及经济社会发展水平等因素，并至少每三年调整或者重新公布一次。

按照自然资源部办公厅2019年12月发布的《关于加快制定征收农用地区片综合地价工作的通知》，确定征地区片综合地价需要重点关注以下几点：

第一，准确把握区片综合地价的内涵。区片综合地价是征收农民集体农用地的土地补偿费和安置补助费标准，不包括法律规定用于社会保险缴费补贴的被征地农民社会保障费用、征收农用地涉及的地上附着物和青苗等的补偿费用。

第二，合理划定区片。应当以县（市、区）为单位，根据农用地条件相近的原则，将县域划分为一个或几个区片，作为测算区片综合地价的基本单元。划定区片原则上不打破村级行政界线，可以将同一乡镇的多个行政村归并为一个区片，也可以将不同乡镇的多个行政村归并为一个区片；确有必要的，可依据河流、道路等线状地物确定区片边界。

第三，科学测算区片综合地价。参考原国土资源部《关于开展制订征地统一年产值标准和征地区片综合地价工作的通知》的基本规定，采用农用地产值修正法、征地案例比较法等方法综合测算区片综合地价。同时，区片综合地价应与当前经济社会发展水平相适应，不低于内涵可比的现行征地补偿标准。同一区片内不同类型农用地的质量存在明显差异的，可以设定地类调节系数进行调节。

第四，合理确定土地补偿费和安置补助费比例。区片综合地价确定后，按照主要用于被征地农民的原则，参照近年征地补偿费用在农村集体和农民个人之间的实际支付比例，合理确定区片综合地价中土地补偿费、安置补助费比例。具体应由省级人民政府根据当地实际情况作出规定。

就征地区片综合地价的确定程序来说，采用省、市、县三级综合统筹的原则：

首先，县级自然资源主管部门要按照省统一部署具体开展测算工作。测算过程中，县级自然资源主管部门要广泛听取农村集体经济组织、农民群众以及政府有关部门等各方面意见，并进行充分论证。

其次，县级区片综合地价测算成果形成后，按照自下而上、逐级平衡的方法，地市级和省级自然资源主管部门应先行进行综合平衡。平衡时应统筹考虑不同地区间社会保障、安置途径的差异，做到征地补偿总体水平合理。

再次，县级自然资源主管部门组织对综合平衡后的区片综合地价测算成果进行听证，逐级上报省级自然资源主管部门。省级自然资源主管部门对区片综合地价测算的程序、方法和成果等进行审核把关，确保成果合理合法、符合实际。

最后，区片综合地价成果经省级人民政府同意后，由省级人民政府或省级人民政府规定的地市、县级人民政府公布实施。公布内容应当包括区片综合地价标准、土地补偿费和安置补助费比例、实施时间、新旧征地补偿标准衔接措施等。区片综合地价相关信息应纳入省级征地信息公开平台，方便社会查询。

45. 征地补偿“同地同价”如何理解？

“同地同价”是指位于同一区域内的同类土地，征地补偿安置水平应基本保持一致。但是，“同地同价”不是一个绝对的标准，它会因区域内土地的用途和土地的实际使用情况而有所调整。

根据土地用途的不同，集体土地征收可能涉及集体所有的农用地、建设用地与未利用地。被征收土地的用途不同，征地补偿安置标准是不同的，但这并不违反“同地同价”原则。“同地”不仅是指土地位于同一区片内，还指土地的用途是相同的。换句话说，只要是位于同一区片内的同种土地，无论它是国家所有还是集体所有，在征地评估土地价格时，应当采取同样的标准；对土地所有权人、使用权人和其他权利人的补偿安置标准也应当是相同的。在上述大原则下，不同土地用途的被征收土地，其补偿安置标准是允许不同的。正如《土地管理法》第48条的规定，征收农用地的土地补偿费、安置补助费标准由省、自治区、直辖市通过制定公布区片综合地价确定；征收农村村民住宅的，应当按照先补偿后搬迁、居住条件有改善的原则给予公平、合理补偿，具体办法由省、自治区、直辖市制定；征收农用地以外的其他土地、地上附着物和青苗等的补偿标准由省、自治区、直辖市制定。

需要注意的是，“同地同价”指的是补偿安置标准的相同，基于同类土地的开发利用情况，如耕地上种植的作物品种的差异、宅基地上房屋价值的差异，最后实际的补偿安置费用是可能不同的。在确定征地补偿安置费用时，应当在坚持同地同标准的原则下，依法严格按照程序要求评估被征收土地及地上建筑物、附着物和青苗等的价值，最终确定补偿安置费用。补偿安置费用除坚持“同地同价”原则外，还必须注意公平、合理，保障被征地农民原有生活水平不降低、长远生计有保障。

46. 征地补偿安置方案如何制订？

征地补偿安置方案作为落实征地补偿安置事宜，保障被征收人合法权益的纲领性文件，它的制订有着严格的程序要求。

首先，就制订主体而言，虽然作出征收决定的市、县级人民政府是征地主体，但在征地工作中，有关市、县级人民政府自然资源主管部门是具体实施单位，也是制订征地补偿安置方案的主责部门。根据《土地管理法》等的规定，自然资源主管部门应当会同有关部门，如发展改革、城乡规划、环境保护、文物保护、财政等共同拟定征地补偿安置方案。

其次，就方案公告而言，征地补偿安置方案作为地方政府土地征收公告的重要组成部分，应当在土地征收公告时一并予以公告，在拟征收土地所在的乡（镇）和村、村民小组范围内公告至少三十日，听取被征地的农村集体经济组织及其成员、村民委员会和其他利害关系人的意见。

再次，就方案意见征询来说，多数被征地的农村集体经济组织成员认为征地补偿安置方案不符合法律、法规规定的，县级以上地方人民政府应当组织召开听证会，并根据法律、法规的规定和听证会情况修改方案。

最后，关于征地补偿安置方案的批准。地方人民政府在向有权作出土地征收批准的上级人民政府申请征收土地时，应当一并报送征地补偿安置方案。依照现有实践情况，报审时，自然资源主管部门应当附具被征地农村集体经济组织、农村村民或者其他权利人的意见及采纳情况，举行听证会的，还应当附具听证笔录。

47. 村民对征地补偿安置方案有异议的，能否申请听证？

听证是指行政机关在作出有关行政决定之前，为了查明事实、公正合理地作出行政决定，公开举行的，由有关利害关系人进行陈述、申辩、质证，广泛听取意见的程序。《土地管理法》第 47 条明确规定，多数被征地的农村集体经济组织成员认为征地补偿安置方案不符合法律、法规规定的，县级以上地方人民政府应当组织召开听证会。听证会的相关程序依照《自然资源听证规定》的规定进行。

第一，听证组织部门及听证机构。征地补偿安置方案由拟定方案的自然资源主管部门组织听证，由经办征地补偿安置方案拟定工作的自然资源主管部门内部机构作为听证机构。

第二，听证参加人，包括拟听证事项经办机构的指派人员、听证会代表、当事人及其代理人、证人、鉴定人、翻译等。听证一般由一名听证员组织；必要时，可以由三名或五名听证员组织。听证设听证主持人，在听证员中产生；但须是听证机构或者征地补偿安置方案经办机构的有关负责人。应当注意的是，征地补偿安置方案听证由经办机构办理听证事务，方案的具体拟定经办人员不得作为听证员和记录员。听证会可由新闻媒体人员及其他人员旁听。

第三，听证会程序。被征地农村集体经济组织、农村村民或者其他权利人要求举行听证会的，应当在征地补偿安置方案公告之日起5个工作日内向自然资源主管部门提出，听证机构应当在听证的7个工作日前通知相关听证参与人听证事宜。听证会具体按照下列程序进行：（1）听证主持人宣布听证开始，介绍听证员、记录员，宣布听证事项和事由，告知听证参加人的权利和义务；（2）拟听证事项的经办机构提出理由、依据和有关材料及意见；（3）当事人进行质证、申辩，提出维护其合法权益的事实、理由和依据（听证会代表对拟听证事项的必要性、可行性以及具体内容发表意见和质询）；（4）最后陈述；（5）听证主持人宣布听证结束。听证记录人应当依据规定就听证会全过程制作书面笔录，并由听证参加人确认无误后签字或盖章。

第四，听证会结果。有关市、县人民政府申请征收土地时，应当附具听证笔录，供审批机关参考。

48. 征收农村村民住宅的，可以先要求搬迁再给予补偿吗?

根据2019年《土地管理法》第48条的规定，征收农村村民住宅的，应当按照“先补偿、后搬迁”的原则给予公平、合理补偿，保障农村村民的居住权和合法的住房财产权益。在修订前，2004年《土地管理法》并未对征收农村村民住宅时补偿与搬迁的顺序作出规定。在实践过程中，征收人往往通过先拆除被征收房屋，而后给予补偿的措施，从而在征收补偿中占据有利地位，获得更大的话语权，使被征收住宅农民在协商时丧失谈判的筹码。这样的做法不仅严重损害了被征收住宅农民的居住权和合法的住房财产权益，而且也极易引发征收纠纷，导致社会矛盾。为此，2019年《土地管理法》借鉴了《国有土地上房屋征收与补偿条例》第27条的规定，明确规定了“先补偿、后搬迁”的原则。

“先补偿、后搬迁”是指土地征收部门必须在给予被征收住宅农民合理的补偿后，才可以要求被征收住宅农民进行搬迁。在2004年《土地管理法》规定下，与城市房屋征收补偿中征收人与每一个被征收人签订征收补偿协议不同，农村集体土地征收中是以被征收土地的所有权人，也就是被征地农村集体经济组织为单位签订书面征地补偿安置协议；而2019年《土地管理法》第 47 条明确规定了土地征收人应当与拟征收土地的所有权人、使用权人签订补偿安置协议。

基于 2019 年《土地管理法》的规定，“先补偿”，一方面，是指征收人与被征地农村集体经济组织及土地实际使用权人已经签订了书面征地补偿安置协议，征收人已经将征地补偿、安置费用等拨付给被征地农村集体经济组织或村民委员会；另一方面，由于被征收住宅的农民作为实际被征收人，“先补偿”要求征地补偿、安置费用等已经实际支付给被征收住宅的农民个人，或已重新明确新的宅基地、安置房。须明确的是，被征地农村集体经济组织、农村村民或者其他权利人在征收土地公告规定的期限内办理征地补偿登记手续的，补偿内容以登记结果为准；未如期办理征地补偿登记手续的，其补偿内容以有关市、县自然资源主管部门的调查结果为准。“后搬迁”则是指只有在相关补偿得到妥善处理和安排的前提下，被征收人才承担在规定搬迁期限内完成搬迁的义务。

第二节 征地补偿安置范围

49. 征收农村村民住宅的，有哪几种安置方式?

2019年《土地管理法》首次以法律的形式明确了征收农村村民住宅时的安置方式。根据《土地管理法》第48条的规定，征收农村村民住宅的，应当尊重农村村民意愿，采取重新安排宅基地建房、提供安置房或者货币补偿等方式给予公平、合理补偿。其中，重新安排宅基地建房是征收农村村民住宅时独有的方式，而提供安置房及货币补偿则是在征收国有土地上房屋时同样采用的安置方式。

宅基地是指农村村民用作自用住宅建设而占有、利用的本集体所有的土地，其实质是农村集体所有的建设用地。根据《土地管理法》《民法典》等的规定，农村村民的宅基地依申请取得，且村民一户只能拥有一处宅基地。村民住宅被征收的，住宅所在的宅基地一并被征收。为了保障村民的居住权，如果被征地村集体另有宅基地或被重新安排宅基地的，经村民申请，应当为失房村民重新安排宅基地建房。重新安排宅基地建房，对于村民来说有更大的自由度，能够自我控制房屋的户型、装修、质量等。但是，自建房较为烦琐，且须以村集体有可供选择的宅基地为前提，如果村集体没有空闲宅基地，就无法选择这种安置方式。

安置房又称动迁房，是指市、县人民政府在征收集体土地后，为被征地失去住宅的村民提供的用于重新居住的房屋。安置房有为特定征地活动专门兴建的，也有利用现有的房屋予以分配的，但一般来说，安置房均非现房，需要在几年后交付。在交付前的几年，被征地村民只能通过租房、投靠亲属等方式临时安置。

货币补偿则是指作出征收决定的市、县人民政府以被征收的村民住宅的市场评估价为标准，对被征收人进行的货币形式的补偿。货币补偿方式对于有资金需求的被征收人来说，能够快速获取资金解决需求；对于希望改善住房条件，选择更好区位、更好户型的被征收人来说，货币补偿方式也使得他们有选择的机会。然而，虽然《土地管理法》第48条规定了补偿应当坚持使村民居住条件有改善的原则，但在被征收人选择货币补偿另行购房时，可能面临因房地产市场变化买不到更好的或者类似房地产的情况。

在安置方式的选择上，一般来说，村民只能在重新安排宅基地建房和安置房之间二选一，而货币补偿方式可以单独使用，也可以与上述两种安置方式补充使用。也就是说，如果重新安排宅基地建房或提供安置房仍不足以补偿被征收住宅的村民，就可以另行补充进行货币补偿。

50. 征收农村村民住宅的，在选择了一种安置补偿方式后，还能更改吗？

根据《土地管理法》的规定，征收农村村民住宅的，被征收人享有对安置补偿方式的选择权，具体包括重新安排宅基地建房、提供安置房以及货币补偿。那么，在被征收人已经选择了一种补偿方式时，能否再改选另一种补偿方式呢？答案取决于被征收人提出更改申请的时间。

按照《土地管理法》第47条的规定，为落实土地征收补偿安置事宜，市、县级人民政府应当组织有关部门在补偿登记后与拟征收土地的所有权人、使用权人就补偿安置的具体内容，如补偿方式、补偿金额和支付期限、用于产权调换房屋的地点和面积、搬迁费、临时安置费或者周转用房、搬迁期限、过渡方式和过渡期限等事项，订立补偿安置协议。在征地补偿安置协议签订后，补偿方式应当是确定的，土地征收部门与被征收人均应当受到补偿安置协议的约束，根据协议约定的补偿方式进行农村村民住宅的征收补偿。由此，在土地征收补偿安置协议签订后，被征收人就不能对被征收住宅的补偿方式提出变更请求。而在这之前，被征收人还可以就补偿方式与土地征收部门再进行协商。

如果被征收人与土地征收部门在确定的签约期限内达不成补偿安置协议，而是在土地征收审批通过后通过有关人民政府裁决的方式确定补偿方式，因为该补偿方式不是由被征收人主动选择的，被征收人如果有异议，可以请求改选另一种补偿方式。但是，根据相关法律法规，此时被征收人形式上是对相关人民政府作出的行政裁决决定不服，应当通过行政复议或行政诉讼的方式提出诉求。

51. 征收农村村民住宅的，家里人口越多获得的补偿越多吗？

根据《土地管理法》第48条的规定，征收农村村民住宅的，应当给予农村村民公平、合理补偿，保障其居民权和合法的住房财产权益。对被征收住宅的农村村民给予的补偿主要包括土地补偿费、安置补助费以及对被征收住宅价值的补偿费用。

土地补偿费与安置补助费标准由省、自治区、直辖市通过制定公布区片综合地价确定。而制定区片综合地价应当综合考虑被征收土地原用途、土地资源条件、土地产值、安置人口、区位、供求关系以及经济社会发展水平等因素，并根据社会、经济发展水平适时调整。土地补偿费作为对征收土地本身的补偿，是对集体土地所有权的补偿，补偿对象是被征地的集体经济组织。在实践中，被征地的集体经济组织在获得土地补偿费后，会相应下发给集体经济组织各成员，且一般是按人分配。即便不是按人分配，而是根据使用的宅基地、承包的农用地面积分配，因农村宅基地、承包地面积也与农户人口数量息息相关，所以农户能够获得的土地补偿费也与其人口数量有关。安置补助费一般也与家庭人口数量相关，农户家庭人口越多的，需要安置的人口数量也就越多，安置补助费也相应更多。

而对被征收住宅的价值的补偿，与被征收房屋的区位、用途、权利性质、档次、新旧程度、规模、建筑结构等有关，与被征收人家庭人口数量并无太大关系。

综合上述三项费用的确定，我们可以得出结论，不同于征收国有土地上的房屋，在征收农村村民住宅时，除对被征收房屋价值的补偿与农户家庭人口数量关系不大，土地补偿费与安置补助费与农户家庭人口数量有着正相关关系。总体来说，在征收农村村民住宅时，家里人口越多获得的补偿越多。

52. 征收农村村民住宅的，房屋建筑面积如何确定？

建筑面积的确定，对被征收村民住宅价值确定具有重要意义，很大程度上直接决定了被征收村民住宅的补偿，如《南京市征收集体土地涉及房屋补偿安置办法》便规定了农村集体土地上房屋拆迁补偿的测算依据是被征收人持有宅基地集体土地使用权证和房屋产权证所载的房屋合法建筑面积。所谓“合法”，是指农村村民住宅的建筑面积必须符合标准，即不超过宅基地面积控制标准，同时经所在地方乡镇人民政府或者土地、规划、建设行政主管部门批准许可建设。

一般来说，只有符合上述两个条件的村民住宅的建筑面积，才会被作为确定补偿标准的依据。但也存在一定例外：（1）对于某一时间点前因历史原因造成的住宅建筑面积超过宅基地面积控制标准的，部分地方也会将超过部分认定为合法建筑面积，如《昆明市集体土地上房屋拆迁补偿安置指导意见》第6条便规定了在2006年5月11日《昆明市人民政府关于加强农房管理禁止违法加层的通告》（昆政发〔2006〕24号）发布前，已办理《房屋所有权证》的房屋，即便房屋面积超过了控制标准，也可以按照证载面积进行认定；（2）对于某一时间点前已建成但未获得相关行政机关批准建设的房屋，部分地方也可能将其认定为合法建筑，予以补偿，如《北京市集体土地房屋拆迁管理办法》第19条即规定，本办法施行前宅基地上已建成的房屋，未取得房屋所有权证和规划行政主管部门批准建房文件，但确由被拆迁人长期自住的，应当给予适当补偿。

被认定为合法建筑面积的农村村民住宅，房屋建筑面积的确定按照如下顺序进行：（1）有房屋所有权证的，以房屋所有权证标明的面积为准；（2）未取得房屋所有权证但有规划行政主管部门批准建房文件的，按照批准建房文件载明的建筑面积认定；（3）未取得房屋所有权证和规划行政主管部门批准建房文件的，根据实际测量结果综合确定，但违法新建、改建、扩建的部分应当不予认定。

53. 因住宅被征收导致搬迁或者临时安置的，被征收人可享受什么补偿？

根据《土地管理法》的规定，征收农村村民住宅的，作出征收决定的市、县人民政府应当采取重新安排宅基地建房、提供安置房或者货币补偿等方式给予被征收人公平、合理的补偿。除上述补偿方式外，为保障被征收人能够顺利搬迁，在新的住房落实前居住权能够得以保障，政府也要相应提供因征收房屋造成的搬迁、临时安置的补偿。

无论被征收人选择货币补偿还是重新安排宅基地建房、提供安置房，若被征收人在住宅征收后要搬迁自己的个人财物，土地征收部门要向被征收人支付搬迁费。搬迁费会因被征收住宅的性质、建筑面积大小等因素影响而有差异，具体的标准由各地政府制定。

临时安置的补偿则仅适用于被征收人选择重新安排宅基地建房或提供安置房的情况，由土地征收部门在新建房屋落成使用或安置房交付前向被征收人提供。如果被征收人选择在新建房屋落成使用或安置房交付前自行过渡，土地征收部门应当对被征收人支付临时安置费。考虑到各地经济水平和房屋租金等情况的不同，临时安置费的具体标准也由各地政府制定。

但是，如果被征收人选择由政府进行安置，土地征收部门则应当为被征收人提供周转用房。这种情况下，因为土地征收部门已经履行了对被征收人临时安置的责任，就不需要再向被征收人支付临时安置费了。土地征收部门为被征收人提供周转用房的，应当参考以下因素：（1）被征收人的家庭结构和需要周转过渡的家庭成员数量；（2）被征收住宅的面积和自然间数；（3）被征收人新的宅基地的面积或征收人需要为被征收人提供的安置房的数量；（4）周转用房要满足被征收人分得开、住得下的要求。

54. 征收开始后，政府有无可能无力支付征收补偿费用?

在部分地方土地征收实践中，地方政府前期承诺了会给予被征收人一定额度的征收补偿款，但在土地被征收后政府却一再拖延，迟给甚至少给征收补偿款。为杜绝这种现象，切实维护被征地农民的合法权益，《土地管理法》第47条明确规定，市、县人民政府在与拟征收土地的所有权人、使用权人就补偿安置等签订协议，测算并落实有关费用，保证足额到位后，方可申请征收土地。

据此，市、县人民政府在申请征收土地前，不仅要与被征收人签订补偿安置协议，还要确保补偿安置费用足额到位。结合实践做法并借鉴《国有土地上房屋征收与补偿条例》，补偿安置费用不单单是要足额到位，还要做到“专户存储、专款专用”。

足额到位是指用于土地征收补偿的货币、实物的数量应当符合征收补偿安置方案的要求，能够保证全部被征收人得到依法补偿和妥善安置。具体来说，“足额”是指经过科学测算后确定的征收补偿安置费用能够满足征收补偿安置工作的需要；“到位”则是指经测算的征收补偿安置费用，在申请征收土地前已经存入存储专户。

专户储存是指征收补偿安置费用应当储存在银行开设的专用

存款账户。专用存款账户是存款人按照法律、行政法规和规章，对其特定用途资金进行专项管理和使用而开立的银行结算账户。

专款专用是指征收补偿安置费用只能用于征收补偿安置工作，不得挪作他用。须注意的是，专款专用不仅指征收补偿安置费用可以用于支付土地补偿费、安置补偿费，以及农村村民住宅、地上附着物和青苗等的补偿费用，并安排被征地农民的社会保障费用，还可以用于支付征收实施单位和相关单位开展土地征收相关工作的各项经费。但每一笔款项的使用必须符合专款专用的要求，已明确用于支付土地补偿费的款项就不能挪作土地征收实施单位的工作经费。

55. 当土地征收范围确定后，被征收人的哪些活动是被禁止的?

根据《国有土地上房屋征收与补偿条例》第 16 条的规定，房屋征收范围确定后，不得在房屋征收范围内实施新建、扩建、改建房屋和改变房屋用途等不当增加补偿费用的行为，否则将不予补偿。《土地管理法》对此并没有类似规定。

就全国性规范而言，原国土资源部《关于完善征地补偿安置制度的指导意见》（已于 2020 年 3 月 24 日失效）明确规定了，在地方国土资源部门将拟征地的用途、位置、补偿标准、安置途径等，以书面形式告知被征地农村集体经济组织和农户后，被征地农村集体经济组织和农户不得在拟征土地上抢栽、抢种、抢建地上附着物和青苗，否则不予补偿。上述意见失效后，暂无全国性规范对禁止性活动作出明确规定。而在地方实践中，对于拟征地范围确定后，哪些活动是被禁止的，主要是看各地方的规定。

例如，根据北京市出台的《北京市集体土地房屋拆迁管理办法》第8条的规定，征收范围确定后，用地单位可以向区、县国土房管局申请在用地范围内暂停办理下列事项：（1）新批宅基地和其他建设用地；（2）审批新建、改建、扩建房屋；（3）办理入户和分户，但因婚姻、出生、回国、军人退伍转业、经批准由外省市投靠直系亲属、刑满释放和解除劳动教养等原因必须入户、分户的除外；（4）核发工商营业执照；（5）房屋、土地租赁；（6）改变房屋、土地用途。

又如，《上海市征收集体土地房屋补偿暂行规定》中规定，在《拟征地告知书》公布后，拟征地范围内应当禁止的活动如下：（1）不得新建、改建、扩建建筑物、构筑物和其他设施；（2）不得突击装修房屋；（3）不得办理新增、变更工商营业登记；（4）拟征地范围内已取得建房批准文件但新房尚未开工的，不得开工；（5）不得从事其他不当增加补偿费用的行为。

56. 怎样认定和处理集体土地征收中的抢栽、抢种及抢建行为？

现实生活中，许多拟征地集体经济组织的农户会在被征收土地上抢栽、抢种一些高价值作物，或者抢建温室大棚、扩建现有住宅，以此提高被征地价值，获取更多的青苗补助等补偿安置费用。但是，这种不当提高征地补偿安置费用，增加征地成本的行为，依照我国的法律法规是不被允许的。被征地集体经济组织的农户的栽种、建设行为是否属于抢栽、抢种、抢建行为，主要依据是行为发生的时间。

农户的栽种、建设行为发生在自然资源主管部门公告拟征地的用途、位置、补偿标准、安置途径等前的，一般不会被认定为抢栽、抢种或抢建行为；农户的栽种、建设行为发生在征地公告之后的，一般就会被认定为抢栽、抢种或抢建行为。对于抢栽、抢种及抢建行为的处理，抢栽、抢种部分的青苗作物，抢建新增的建筑物或其他地上附着物及相关面积，一律不予补偿。

部分地方对抢栽、抢种及抢建行为的处理，也出台了具体的地方性规定，如长春市政府在2013年发布的《长春市查处在集体土地上违法用地和抢建抢栽抢种等违法行为暂行规定》规定，在拟征地通知书发布后抢建温室、大棚和抢种花草、苗木等属抢建抢栽抢种行为；各乡（镇）政府、街道办事处发现违法用地及抢建温室、大棚和抢种花草、苗木等违法行为的，应当及时制止并向所在地城区人民政府和开发区管委会报告，依法处理。

57. 土地征收范围确定后，能否再新建、扩建、改建农村房屋？

通常来说，新建房屋是指从无到有建设新的房屋。扩建房屋是指在原有房屋的基础上增大房屋的建筑面积，但当房屋扩建使房屋新增加的价值超过原有价值三倍以上的，应当被认定为新建。改建房屋则是指改变房屋的结构，对房屋进行重新装饰装修等。在一些地方，拟征地集体经济组织的农户为了获取更多的征地补偿，或是在自有空置宅基地上新建房屋，或是扩建、改建现有住宅。这些新建、扩建、改建房屋的行为，是合法的吗？

我国的《土地管理法》《土地管理法实施条例》等全国性法律规定虽未对土地征收范围确定后是否可以再新建、扩建、改建农村房屋予以明确，但无论是已有的地方性规范还是地方实践，对新建、扩建、改建房屋都持明确禁止的态度。如《上海市征收集体土地房屋补偿暂行规定》就规定，在《拟征地告知书》公布后，拟征地范围内应当禁止新建、改建、扩建建筑物、构筑物和其他设施。

这是因为，当征收土地涉及征收集体土地上的房屋时，对被征收房屋价值的补偿是市、县级人民政府对被征收人给予的征收补偿的重要方面。而被征收房屋价值的确认是在对被征收房屋的建筑结构、新旧程度、建筑面积、装修装饰水平、原有设施设备的折损等方面因素综合评估得出的结果。部分被征收人为获取更多的征收补偿，在确定土地征收范围，尚未进行土地调查登记之时对房屋进行新建、扩建、改建，会不当增加被征收房屋的价值，使得土地征收补偿的成本较土地征收部门确定征收补偿安置方案时有较大的增加，征收补偿安置的成本甚至会超过征收工作可能带来的社会价值，不利于社会公共利益的实现，有违于土地征收的初衷。同样的，在部分被征收人违法新建、扩建、改建房屋时，各被征收人之间的征收补偿将会失当，有违公平原则。因此，征收范围确定后，一般都禁止再新建、扩建、改建房屋。

58. 集体土地征收时对地上临时建筑如何处理？

临时建筑是指单位和个人因生产、生活需要临时建造使用，结构简易并且应当在规定期限内拆除的建（构）筑物或其他设施，如窝棚、工棚等棚屋及短期性质的展示用房（样板房、展览房）等。临时建筑一般在结构上不得超过两层，在建筑用材上除工程特殊需要外，一般不采用现浇钢筋混凝土等耐久性结构形式。我国农村村民为了方便生产生活，在自有宅基地上或者宅基地周围，常建有一些临时建筑，如临时的窝棚、杂物间等。对于这些临时建筑，在土地征收时如何处理？

根据《城乡规划法》第44条的规定，在城市、镇规划区内进行临时建设的，应当经城市、县人民政府城乡规划主管部门批准；临时建设影响建设规划或者控制性详细规划的实施以及交通、市容、安全等的，不得批准。该条同时规定了临时建设应当在批准的使用期限内自行拆除。对于依法经过批准建造的，且在批准期限内的临时建筑，应当被视为合法建筑，因房屋征收而被拆除的，会对临时建筑的所有人带来一定的经济损失。因此，对认定为合法建筑和未超过批准期限的临时建筑，应当给予征收补偿；对未经批准建造或超过批准期限未自行拆除的临时建筑，则不应当给予补偿。而对于未超过批准期限的临时建筑的补偿，则应当按照已使用期限的剩余价值参考、剩余使用期限确定。

而农村村民为生产生活便利建造的临时建筑，一般都不会特意去当地政府的城乡规划主管部门审批，如无特别原因也不会去拆除它们。因此，一般情况下，对于农村村民自行建设的临时建筑，在土地征收时一般都不会给予补偿。但如果村民能够提供审批的证明，也可以相应给予一定的补偿。

59. 哪些建筑属于违法建筑？

违法建筑是指无土地使用权来源或土地使用权来源违法，未按照我国《城乡规划法》及其他城乡规划管理法律法规要求取得建设工程规划许可证或者违反建设工程规划许可证的规定进行建设的建筑。就违法性而言，违法建筑一般可分为违反土地管理制度的建筑及违反城乡规划制度的建筑。

根据《土地管理法》第61条、第62条、第64条的规定，乡（镇）村公共设施、公益事业建设，需要使用土地的，经乡（镇）人民政府审核，向县级以上地方人民政府自然资源主管部门提出申请，按照省、自治区、直辖市规定的批准权限，由县级以上地方人民政府批准；农村村民建住宅，应当符合乡（镇）土地利用总体规划，不得占用永久基本农田，并尽量使用原有的宅基地和村内空闲地；依法取得集体建设用地使用权的，土地使用权人应当严格按照土地利用总体规划确定的用途使用土地。结合《土地管理法》第74条、第77条规定，违反土地管理制度的违法建筑包括以下几种：（1）擅自在农用地上建设的建筑；（2）未经批准占用土地建设的建筑；（3）采用欺骗手段占用土地建设的建筑。

根据《城乡规划法》第41条的规定，在乡、村庄规划区内进行乡镇企业、乡村公共设施和公益事业建设的，建设单位或者个人应当向乡、镇人民政府提出申请，由乡、镇人民政府报城市、县人民政府城乡规划主管部门核发乡村建设规划许可证。结合《城乡规划法》第65条、第66条规定，违反城乡规划管理制度的违法建筑主要包括以下几种：（1）未申请建设用地规划许可证或申请未获批准，无证建设的建筑；（2）擅自改变建设工程规划许可证的规定建成的建筑；（3）擅自改变了使用性质建成的建筑；（4）擅自将临时建筑建设成为永久性的建筑。

一般来说，在《土地管理法》《城乡规划法》出台后，符合上述情况的建筑都会被认定为违法建筑。而在两法出台之前建设的，则需要结合当时具体的法律法规及历史因素来认定。

60. 未经登记的建筑是否都会被认定为违法建筑？

未登记的建筑是指符合建筑物一般特征，没有进行房屋产权登记且未经有权机关依法认定的建筑物或者构筑物。未经登记建筑一般具有以下特征：

一是符合一般建筑物的特征。依照《民用建筑设计术语标准》的定义，建筑物即用建筑材料构筑的空间和实体，供人们居住和进行各种活动的场所。未经登记建筑首先要满足前述一般建筑物的特征，亭棚、简易阳光房、自行车棚等不具备人类必要的居住条件的建筑物体不是未经登记建筑。

二是没有依法登记。这里的登记，仅指在房屋登记部门的登记簿上进行登记的行为，不包括在工商、税务、民政、土地等其他登记部门进行的登记。

三是合法与否待定。未经登记建筑的特点，是建造人已经完成建造行为，但其合法与否有赖于相关执法部门认定。

实践中，未经登记建筑主要包括以下几种：（1）未经规划部门许可所建造的建筑，如未取得规划部门核发的建设工程规划许可证建造的房屋，或者超过建设工程规划许可证规定的建造范围之外建造的建筑；（2）未经自然资源主管部门许可所建造的建筑，如非法占用农用地、耕地建造的建筑物；（3）未经建设部门许可所建造的建筑，如未办理建设工程许可证所建造的建筑；（4）未经房屋产权登记部门登记的建筑，如为了规避税费故意不登记，或者因为行政区划调整等客观上无法办理登记等；（5）未经其他有权部门许可所建造的建筑物或者构筑物，如违反《公路法》第56条第1款的规定，未经公路行政主管部门的批准，在公路两侧建筑控制区内所建造的建筑。

上述类型的未登记建筑是不是违法建筑，应当结合具体的情况确定，并无统一的认定标准。《土地管理法》没有明确相关的认定标准，但拟作出土地征收决定的市、县级人民政府，应当组织有关部门依法对征收范围内未经登记的建筑进行调查、认定和处理:(1)对认定为合法建筑和未超过批准期限的临时建筑的,应当给予补偿;(2)对认定为违法建筑和超过批准期限的临时建筑的,不予补偿。因此,未经登记的建筑并不必然会被认定为违法建筑,需结合具体情况具体认定。

61. 哪些情况下,不动产登记机构不会予以房屋登记?

房屋登记是指不动产登记机构依法将房屋权利和其他应当记载在不动产登记簿上的事项予以记载的行为。根据《不动产登记暂行条例》的规定,申请房屋登记的,应当提交以下材料:(1)登记申请书;(2)申请人、代理人身份证明材料、授权委托书;(3)相关的房屋权属来源证明材料、登记原因证明文件、房屋产权属证书;(4)房屋界址、空间界限、面积等材料;(5)与他人有利害关系的说明材料;(6)法律、行政法规以及《不动产登记暂行条例实施细则》规定的其他材料。不动产登记机构受理后,依法查验相关信息后作出是否予以登记的决定。

根据《不动产登记暂行条例》第22条的规定,若申请房屋登记存在下列情形之一的,不动产登记机构应当不予登记,并书面告知申请人:(1)违反法律、行政法规规定的;(2)存在尚未解决的权属争议的;(3)申请登记的不动产权利超过规定期限的；（4）法律、行政法规规定不予登记的其他情形。

如果申请人不服不动产登记机构不予房屋登记决定的，可以依法申请行政复议或者行政诉讼寻求权利救济。

62. 土地征收时对地上违法建筑如何处理？

在不涉及土地征收时，对违法建筑的处理一般分为两类：一是违反土地管理制度违法建筑的处理；二是违反城乡规划制度违法建筑的处理。

违反土地管理制度违法建筑的处理。根据《土地管理法》第 74 条、第 77 条、第 83 条等的规定，对违反土地管理制度违法建筑的处理方式一般有以下 5 种：（1）对违反土地利用总体规划擅自将农用地改为建设用地的，限期拆除在非法转让的土地上新建的建筑物和其他设施，恢复土地原状；（2）对符合土地利用总体规划的，没收在非法转让的土地上新建的建筑物和其他设施，可以并处罚款；（3）超过批准的数量占用土地，多占的土地以非法占用土地按上述两种方式处理；（4）因买卖或者以其他形式非法转让土地所致的，由县级以上自然资源主管部门没收违法所得，可并处罚款；（5）因未经批准或者采取欺骗手段骗取批准，非法占用土地的，由县级以上人民政府自然资源主管部门责令退还非法占用的土地，限期拆除在非法占用的土地上新建的房屋。

对违反城乡规划制度违法建筑的处理，根据《城乡规划法》第64条、第68条等的规定，处理方式一般有以下3种：（1）对正在进行建设的，由县级以上地方人民政府城乡规划主管部门责令停止建设；（2）尚可采取改正措施消除对规划实施的影响的，限期改正，处建设工程造价5%以上10%以下的罚款；（3）无法采取改正措施消除影响的，限期拆除，不能拆除的，没收实物或者违法收入，可以并处建设工程造价10%以下的罚款。

而在农村集体土地征收工作中，若征收范围内存在已经建成的违法建筑或者正在建造的违法建筑，如果违法情节轻微，建筑所有人采取改正措施消除了影响并且按照规定缴纳了罚款进而被认定为合法建筑的，在征收时可以将它们视为合法建筑进行补偿。而对于那些无法采取改正措施消除影响，也就是无法转变为合法建筑的，应当不予补偿；县级以上地方人民政府城乡规划主管部门同时要责令违法建筑所有人限期拆除，不能拆除的，没收实物或者违法收入，可以并处建设工程造价10%以下的罚款。

63. 拆除违法建筑应当遵循什么程序？

违法建筑不仅违反了我国《城乡规划法》及其他城乡规划管理法律法规的规定，影响了城乡的具体规划，破坏了城乡的整体风貌。同时，违法搭建的非法建筑因建筑设计、建筑工程等缺乏监督，往往存在很大的安全隐患。为此，根据《城乡规划法》第64条和第68条的规定，当违法建筑的所有人无法采取改正措施消除对城市规划的影响以及安全隐患时，县级以上人民政府城乡规划主管部门可以责令其限期拆除；不在限期内拆除的，建设工程所在地县级以上地方人民政府可以责成有关部门采取查封施工现场、强制拆除等措施。又根据我国《行政强制法》第44条的规定，对违法的建筑物、构筑物、设施等需要强制拆除的，应当由行政机关予以公告，限期当事人自行拆除。当事人在法定期限内不申请行政复议或者提起行政诉讼，又不拆除的，行政机关可以依法强制拆除。

因此，根据上述法律法规的规定，拆除违法建筑至少需要经过以下程序：

（1）确认违法建筑应当拆除。对于那些可以通过改正措施消除对城乡规划的影响以及安全隐患的违法建筑，或者拆除违法建筑带来的收益小于拆除的成本和损失，或者违法建筑无法拆除的，可以不予拆除，而其他违法建筑则应当予以拆除，以维护法律的权威性、城乡规划的合理性和居民生产生活的安全性。

（2）作出强制拆除公告，限期拆除。违法建筑确需拆除的，县级以上人民政府城乡规划主管部门应当对此作出公告，并要求违法建筑所有人在公告规定的时限内自行拆除。违法建筑的所有人对于强制拆除决定不服的，可以依法在法定期限内申请行政复议或者提起行政诉讼，若行政复议或行政诉讼请求被驳回，则仍要拆除。

（3）行政机关依法强制拆除。违法建筑的所有人在法定期限内不申请行政复议或者提起行政诉讼，或者行政复议、行政诉讼请求被驳回，又不在限期内自行拆除违法建筑的，建设工程所在地县级以上地方人民政府就可以责成有关部门依法强制拆除。

应当注意的是，行政机关应当对违法建筑的拆除予以公告并通知当事人限期拆除，同时也应当告知其相应的救济途径。只有当通知中规定的期限届满后房屋所有人既没有自行拆除又没有采取法定救济途径的，行政机关才有权力对该违法建筑予以强制拆除。如果房屋被认定为违法建筑后没有经过任何程序而直接被强拆，房屋所有人可以向人民法院提起行政诉讼以维护自己的合法权益。经人民法院认定行政机关的强拆行为违法时，房屋所有人能够依据法院的认定提起相应的法律程序，以追究行政机关的相应责任，从而最终维护合法权益。

64. 土地征收范围确定后拟被征收的土地及房屋能否对外出租？

根据《农村土地承包法》第36条的规定，农村集体土地的承包方可以自主决定依法采取出租（转包）、入股或者其他方式向他人流转土地经营权，并向发包方备案。与此同时，农村村民利用自有宅基地建造的房屋，虽然主要是为了满足村民住房的需求，但法律也未禁止村民对外出租自有房屋。而在土地征收范围确定后，被纳入征收范围的土地或者房屋能否对外出租？

对此，《土地管理法》《土地管理法实施条例》等全国性的法律法规并未明确规定。而部分地方性规范中，对此持否定态度，如根据北京市出台的《北京市集体土地房屋拆迁管理办法》第 8 条的规定，征收范围确定后，任何单位和个人不得在该征收范围内进行房屋、土地租赁。部分地方政府对租赁土地、房屋的禁止，主要是基于以下考虑：一方面，为了避免因建立新的租赁关系导致征收补偿与搬迁问题复杂化，房屋的现所有权人、土地的现承包经营权人和租赁人容易就征地补偿安置费用的归属产生纠纷，从而影响征地工作的顺利进行；另一方面，新建立的租赁关系会因土地征收工作的正式展开随时面临解除，在征地范围确定后再新建租赁关系无实际意义。

然而，根据对我国现行集体土地征收补偿相关法律法规的解读，现有的规定禁止抢建、新建、改建、扩建房屋等不当增加补偿安置费用的行为，而土地、房屋租赁行为并不会不当增加补偿安置费用。出租土地、房屋是土地承包经营权人、房屋所有权人依法进行的对自有财产的使用、收益、处分行为，是对土地、房屋功能的有效开发，并不为法律禁止。土地征收范围的确定也并不意味着被征收人对土地承包经营权、房屋所有权的丧失，作为土地承包经营权人、房屋所有权人的被征收人仍然有权对外租赁土地、房屋。

综上，在国家法律规范对于土地征收范围确定后能否租赁土地、房屋暂无全国性规定的情况下，是否可以进行上述行为，主要应当参考地方性规范，如果地方性规范对此禁止便不能进行；如果地方性规范并没有相关规定，应当在咨询土地征收部门后再行明确。

65. 土地征收范围确定后能否买卖征地范围内的房屋？

不同于国有土地上房屋的买卖，农村宅基地上的房屋买卖有着严格的限制。根据现有法律规范与实践要求，买卖农村宅基地上的房屋需满足以下4点要求：（1）须经本村村民委员会同意和乡（镇）人民政府的批准；（2）转让人与受让人同为本村村民；（3）受让人在本村无宅基地，符合宅基地申请条件；（4）转让人已迁出本村或属于“一户多宅或多房”。如果属于“一户一宅”的情况，须明确表示不再另行申请宅基地，且有证据表明其已有住房保障，如在本村外拥有住房或与其他近亲属合户居住。

在人口不断增长，农村已有宅基地越来越无法满足居住需要，部分村民随着城市化进程定居城镇的大背景下，允许本村村民之间买卖房屋有利于解决农村住房保障问题。应当注意的是，宅基地是农村集体经济组织或村民委员会为解决本村村民住房问题而特许村民使用的，根据现有的法律规定，宅基地及地上房屋不得转让给非本村人员。那么，在土地征收范围确定后，本村村民之间能否买卖征地范围内的房屋呢?

根据对我国现行集体土地征收补偿相关法律法规的解读，现有规定禁止抢建、新建、改建、扩建房屋等不当增加补偿安置费用的行为，而房屋买卖行为并不会不当增加补偿安置费用。从这一点看，房屋买卖行为似乎是可以的。

但是，在土地征收范围确定后，特别是农村住宅所有权人与土地征收部门签订了补偿安置协议后，房屋买卖会导致住宅所有权人的事实变更，这会给补偿安置工作带来麻烦。一方面，若补偿安置费用已发放、安置房已确定，原房屋所有权人已经获得相关补偿，而买房人面临所得房屋被拆迁却无法得到补偿，只能寻求卖房人解除房屋买卖合同或转让相关补偿，极易引发社会纠纷。另一方面，如果补偿安置费用未发放、安置房也未确定，土地征收单位是与卖房人签订的补偿安置协议，它应向卖房人还是买房人支付相关补偿也存在问题，不利于土地征收工作的顺利推进。

因此，虽然法律未明确禁止土地征收范围确定后买卖征地范围内房屋，但土地征收单位通常会通知有关部门暂停办理房屋买卖审批、产权过户等手续，以保证土地征收补偿工作的稳定性。换句话说，被征地集体经济组织内的村民虽然可以私下买卖房屋，但不会得到有关政府部门的认可，无法实际完成房屋买卖。

66. 土地征收范围确定后，被征收农户能否再迁入户口或者分户？

在集体土地征收补偿工作中，被征收农户的具体人数对最后的征收补偿费用有一定影响：部分地区在确定征收补偿费用，特别是以安置房方式予以补偿时，被征收人的户数或人数直接影响了安置房的套数或者总面积。为此，我国部分地方明确规定了在土地征收范围确定后，由当地县级以上地方人民政府自然资源主管部门通知土地征收所在地公安部门暂停办理向土地征收范围内迁入居民户口和居民分户的手续，即禁止再迁入户口或者分户。例如，根据北京市出台的《北京市集体土地房屋拆迁管理办法》第 8 条的规定，征收范围确定后，任何单位和个人不得在该征收范围内办理入户与分户。

但是，不得迁入户口或者分户不是绝对的，一般来说，有下列事项之一的，仍可以申请迁入户口或者分户：（1）在征收范围内有常住户口的妇女新生的婴儿；（2）与征收范围内有常住户口人员结婚的；（3）复员、转业和退伍军人回本市原户口所在地投奔直系亲属必须在此入户的；（4）刑满释放、解除劳教、解除少管人员回本市原户口所在地投靠直系亲属必须在此入户的；（5）回国、退职、退休和退学人员回本市原户口所在地投靠直系亲属必须在此入户的；（6）按有关政策规定，经市、区（县）公安局批准必须在此入户口的。同时，禁止迁入户口或分户也有时间限制，如土地征收范围确定后征地工作迟迟不能推进的，不能一直禁止迁入户口或分户。具体是否禁止入户与分户以及除外条件，主要以土地征收所在地的地方性规范为准。

第三节　征地补偿安置协议

67. 征地补偿安置协议与征地补偿安置方案有什么联系与区别?

征地补偿安置协议是指土地征收部门与被征收人依照规定，就补偿方式、补偿金额和支付期限、搬迁费、临时安置费或者周转用房、搬迁期限、过渡方式和过渡期限、安置方式等事项，在双方意思表示一致的基础上订立的补偿协议，是一种双方法律行为。征地补偿安置方案则是指土地征收部门通过对土地征收范围内的土地原用途、土地资源条件、土地产值、安置人口、区位、供求关系以及经济社会发展水平等情况进行调查、研究后作出的征收补偿安置安排计划，是土地征收部门的单方行政行为。

征地补偿安置协议与征地补偿安置方案的联系在于，一般情况下，征地补偿安置协议是以征地补偿安置方案中的具体内容为基础，土地征收部门往往是在征地补偿安置方案的基础上与各被征收人逐一签署征地补偿安置协议。两者的区别主要有以下三点：

第一，性质不同。征地补偿安置协议属于合同的一种，是在土地征收部门与被征收人意思表示一致的情况下双方合意的结果；而征地补偿安置方案是土地征收部门单方面制订的计划安排，虽然会征求被征收人的意见，但最终是否采纳还是以土地征收部门的意思为准。

第二，订立或制定的程序不同。征地补偿安置协议是由土地征收部门与被征收人一同协商订立的，而征地补偿安置方案是由土地征收部门拟定的。

第三，效力不同。征地补偿安置协议作为合同的一种，一经生效即对土地征收部门与被征收人产生合同约束力，且该拘束力仅存在于土地征收部门与被征收人之间；征地补偿安置方案作为土地征收部门的单方行政行为，虽征求了被征收人的意见，但一般仅对土地征收部门具有强制力，对被征收人并无强制约束力。

68. 农村村民可以在何时签署征地补偿安置协议？

为避免地方政府为经济增长、城市扩张甚至谋取某些部门、个体利益盲目征收农村集体土地，降低对农村村民的补偿安置标准，少发、不发补偿安置费用，侵害农村村民的合法权益，2019年《土地管理法》明确要求了市、县级人民政府应当在申请征收土地前与被征收人签订补偿安置协议。

根据《土地管理法》第47条的规定，市、县级人民政府只有在相关前期工作完成后才能申请征收土地。而根据第47条规定，上述相关前期工作包括土地现状调查、社会稳定风险评估、征收土地公告、补偿登记、签订补偿安置协议、补偿安置费用足额到位等。但该条并未对上述前期工作的先后顺序作出明确规定。结合实践经验，签订补偿安置协议应当在土地现状调查、社会稳定风险评估、征收土地公告、补偿登记之后。也就是说，只有在通过土地现状调查、社会稳定风险评估明确拟征收集体土地适合征收，通过征收土地公告告知被征收人，被征收人前往征收部门登记机关进行补偿登记后，才可能签订补偿安置协议。

综上，作为集体土地征收程序的一环，签订补偿安置协议应当在土地现状调查、社会稳定风险评估、征收土地公告、补偿登记之后，在补偿安置费用拨付、土地征收申请之前。2019年《土地管理法》对先签协议再上报征地审批的明确规定，是相较于2004年《土地管理法》甚至是《国有土地上房屋征收与补偿条例》最大的进步点之一，能够有效避免地方征收肆意征地、侵犯农村村民合法财产权行为的发生。为实现上述目的，具有征收审批权的国务院、省级地方人民政府相关部门也必须审慎用权，真正做到权为民所用、情为民所系、利为民所谋。

69. 难以签署征地补偿安置协议的，应当如何处理？

根据《国有土地上房屋征收与补偿条例》第 26 条的规定，在征收国有土地上房屋时，房屋征收部门与被征收人在征收补偿方案确定的签约期限内达不成补偿协议，或者被征收房屋所有权人不明确的，由房屋征收部门报请作出房屋征收决定的市、县级人民政府依照该条例的规定，按照征收补偿方案作出补偿决定，并在房屋征收范围内予以公告。而被征收人对补偿决定不服的，可以依法申请行政复议，也可以依法提起行政诉讼。在行政复议或行政诉讼尚未有结果时，房屋征收部门不得强制征收与拆除被征收人的房屋。那么，在农村集体土地征收中，当土地征收部门与被征收人难以达成补偿安置协议时，是否也适用类似的程序呢？

在 2004 年《土地管理法》的规定下，补偿安置协议的签订主体是土地征收单位与被征地农村集体经济组织或者村民委员会。而根据《土地管理法实施条例》第 25 条的规定，对补偿标准有争议的，由县级以上地方人民政府协调；协调不成的，由批准征收土地的人民政府裁决。征地补偿、安置争议不影响征收土地方案的实施。也就是说，若被征地农村集体经济组织或者村民委员会对补偿安置有异议，与土地征收部门难以达成补偿安置协议的，只能先由县级以上地方人民政府协调，协调不成的，最终由批准征用土地的人民政府裁决。

2004 年《土地管理法》的程序设置，在大规模城市化建设中，虽然能够保障征收土地方案的顺利实施，但一方面很容易侵犯被征地集体经济组织及其村民的合法财产权益，另一方面实际是对他们维护自身合法权益的诉讼等权利的剥夺。对此，2019 年《土地管理法》为保证被征地农村集体经济组织与村民的合法财产权益，既明确要求土地征收部门应当与拟征收土地的所有权人，也就是集体经济组织签订补偿安置协议，也要求土地征收部门与拟征收土地的使用权人，也就是村民签订补偿安置协议，并保证相关补偿安置费用提前足额到位。

同时，新的《土地管理法》还将补偿安置协议的达成与征收土地决定挂钩，根据第 47 条的规定，市、县级人民政府在申请征收土地时，要如实说明个别确实难以达成补偿安置协议的情况，具有征收土地审批权的人民政府可以参考上述情况决定是否批准征收土地。同时，第 48 条还规定了征收农村村民住宅的，应当坚持先补偿后搬迁的原则，这就意味着未达成补偿安置协议时，也无法强制进行搬迁。这样的制度设置，使得土地征收部门必须尊重被征地集体经济组织与村民的合法权益，在对补偿安置等事项达成共识的情况下方能启动土地征收工作。

70. 土地征收补偿安置协议有哪些特征？

土地征收补偿安置协议是土地征收部门与被征收人之间就土地征收补偿安置的具体事宜订立的双方协议。根据 2020 年 1 月 1 日起正式实施的《最高人民法院关于审理行政协议案件若干问题的规定》第 2 条的规定，土地征收补偿安置协议属于行政协议，即属于“行政机关为了实现行政管理或者公共服务目标，与公民、法人或者其他组织协商订立的具有行政法上权利义务内容的协议”。鉴于目前我国行政法体系对于行政协议尚无较为详细的规定，上述司法解释第 27 条规定了人民法院审理行政协议案件可以参考适用民事合同的相关规定。结合我国民事合同的相关规定及行政协议的特殊性，土地征收补偿安置协议主要具有以下 6 点法律特征：

第一，征收补偿安置协议属于行政协议，是地方人民政府为了公共利益的需要，为实现征收土地的目标，与被征收人订立的涉及补偿、安置等具有行政法上权利义务内容的协议。

第二，征收补偿安置协议属于双方法律行为。征收补偿安置协议关系由土地征收部门与被征收人两方主体参加才能成立，仅有一方主体，协议关系便不能成立。

第三，征收补偿安置协议确定的是平等法律关系。土地征收部门与被征收人双方的法律地位平等，双方基于平等协商形成合意订立征收补偿安置协议。不管双方的经济实力、政治地位如何，不允许任何一方强制要求另一方，减少对方的权利或者增加对方的义务。协议双方的权利和义务是对等的，当一方获得某项权利时，也应当承担相应的义务。

第四，土地征收双方的行为都必须合法。所谓合法是指符合土地征收相关法律法规的规定，如《土地管理法》《城乡规划法》等。具体而言，如签订征收补偿安置协议的主体必须是作出征收决定的市、县级人民政府指定的土地征收部门及作为土地所有权人、使用权人的被征收人。

第五，土地征收补偿安置协议具有法律效力。这首先表现在征收补偿安置协议自生效后内容受到法律的保护，土地征收部门与被征收人依法享有协议约定的权利，也必须履行协议约定的义务，任何一方当事人都无权擅自变更或解除。此外，在协议履行的过程中，如果发生纠纷，协议条款是解决纠纷的主要依据。

第六，土地征收补偿安置协议作为要式合同，必须采取书面形式，土地征收部门或其他相关部门的工作人员与被征收人口头达成的约定均不具有法律效力，只有纳入征收补偿安置协议中，才对双方具有法律约束力。

71. 土地征收补偿安置协议中的格式条款对被征收人不利的，如何处理?

土地征收补偿安置协议虽是土地征收部门与被征收人之间合意的结果，但基于土地征收部门天然的优势地位，土地征收补偿安置协议通常是土地征收部门未与被征收人协商，自身或委托其他机构事先拟定，交由被征收人查看后签署的。因此，土地征收补偿安置协议中存在很多的格式条款。

所谓的格式条款，根据《民法典》第496条的规定，是指当事人为重复使用而预先拟订并在订立合同时未与对方协商的条款。虽然在土地征收补偿安置协议中采取格式条款有利于节约征收补偿安置协商时间，事先明确土地征收部门与被征收人在房屋征收中的权利义务，降低征收补偿的协议成本，但是，格式条款的内容未经与被征收人协商，存在着侵害被征收人合法权益的可能。为此，可依据《民法典》的规定对土地征收补偿安置协议中的格式条款予以限制。

首先，根据《民法典》第496条的规定，土地征收补偿安置协议采用格式条款的，提供格式条款的土地征收部门应当遵循公平原则确定与被征收人之间的权利和义务，并采取合理的方式提请被征收人注意免除或者限制征收部门责任的条款，按照对方的要求，对该条款予以说明。

其次，如果土地征收补偿安置协议中的格式条款存在《民法典》第147条、第148条、第150条及第151条规定的情形，被征收人可以请求人民法院或者仲裁机构予以撤销。应当注意的是，在下列情况下，被征收人不再有权请求人民法院或者仲裁机构予以撤销：（1）被征收人自知道或者应当知道撤销事由之日起1年内、有重大误解的被征收人自知道或者应当知道撤销事由之日起90日内没有请求撤销的；（2）被征收人受到胁迫，自胁迫行为终止之日起1年内没有请求撤销的；（3）被征收人知道撤销事由后明确表示或者以自己的行为表明放弃撤销的；（4）被征收人自土地征收补偿安置协议签订之日起5年内没有请求过撤销的。

再次，如果土地征收补偿安置协议中的格式条款存在《民法典》第153条、第154条及第506条规定的情形，或者提供格式条款的土地征收部门免除自身责任、加重被征收人责任、排除被征收人主要权利的，该条款无效。

最后，根据《民法典》第498条的规定，土地征收部门与被征收人对格式条款的理解发生争议的，应当按照通常理解予以解释；对格式条款有两种以上解释的，应当作出不利于提供格式条款的土地征收部门的解释；土地征收补偿安置协议中同时存在格式条款和非格式条款，格式条款和非格式条款不一致的，应当采用非格式条款。

72. 什么情况下土地征收补偿安置协议无效？

根据《最高人民法院关于审理行政协议案件若干问题的规定》第 12 条的规定，行政协议存在《行政诉讼法》第 75 条规定的重大且明显违法情形的，应当确认无效；行政协议也可以适用民事法律规范来确认无效。

结合我国《行政诉讼法》与《民法典》等相关规定，存在以下情形的，土地征收补偿安置协议无效：

第一，土地征收补偿安置协议的一方签署主体不具有行政主体资格，如是协助政府部门开展土地征收工作的企业单位；土地征收补偿安置协议的内容存在减损被征收人权利或者增加被征收人义务的情况，但没有相应的法律依据；土地征收补偿安置协议的内容客观上不可能实现；土地征收补偿安置协议存在其他行政法律规范认为重大且明显违法的情形。

第二，被征收人是无民事行为能力人，其签订的土地征收补偿安置协议。

第三，被征收人是限制民事行为能力人，其签订的土地征收补偿安置协议，且未经其法定代理人同意或者追认。

第四，被征收人与征收人以虚假的意思表示签订的土地征收补偿安置协议。虚假意思表示是指征收人或被征收人并没有真实的签订土地征收补偿安置协议的内心想法，而是基于某些考虑假意签订的。

第五，违反法律、行政法规的强制性规定。法律法规包括《民法典》《土地管理法》《城乡规划法》等。需要注意的是，并非违反上述法律法规的所有规定都会导致土地征收补偿安置协议的无效，只有违反其中的效力性强制性规定才会导致无效。效力性强制性规定是指法律及行政法规明确规定违反了这些禁止性规定将导致合同无效或者合同不成立的规定；或者是法律及行政法规虽然没有明确规定违反这些禁止性规定后将导致合同无效或者不成立，但是如果使合同继续有效将损害国家利益和社会公共利益的规定。

第六，存在违反公序良俗的情形。公序良俗，即公共秩序与善良风俗的统称。如果被征收人与征收人签订土地征收补偿安置协议存在违反公序良俗的情形，如不符合公共利益的需要、有违社会良好风尚等，都应当认定无效。

第七，恶意串通，损害他人合法权益。一般来说，《民法典》中“恶意串通”的主体是合同的双方当事人，在土地征收补偿安置协议中就是土地征收部门与被征收人。在土地征收补偿安置中，土地征收部门与被征收人不得恶意串通，当损害到他人合法权益时，双方签署的土地征收补偿安置协议当属无效。

73. 土地征收补偿安置协议被认定无效后应当如何处理？

根据《民法典》第155条的规定，土地征收补偿安置协议被认定为无效后，自始没有法律约束力。所谓“自始没有法律约束力”，通俗地讲，是指土地征收补偿安置协议被视为从未签订过，从未发生过效力，土地征收部门与被征收人之间的权利义务关系回转到双方未签订土地征收补偿安置协议之时。

根据《民法典》第157条的规定，合同被认定无效后，因该合同取得的财产，应当予以返还；不能返还或者没有必要返还的，应当折价补偿。有过错的一方应当赔偿对方因此所受到的损失，双方都有过错的，应当各自承担相应的责任。《最高人民法院关于审理行政协议案件若干问题的规定》第15条也规定了，行政协议被认定无效后，当事人因行政协议取得的财产，人民法院应当判决予以返还；不能返还的，判决折价补偿。

根据上述规定，土地征收补偿安置协议被认定无效后，被征收人因此获得的补偿安置财产应当返还给政府部门，地方政府也应当返还相应的土地所有权及使用权。但是，基于土地征收行为的特殊性，如因公共利益的需要确应征收土地的，当土地征收补偿安置协议被认定无效后，土地征收部门应尽快与被征收人本着公平公正的原则重新签订土地征收补偿安置协议，在确定的期限内不能签约的，土地征收部门应尽快报请有权的人民政府作出裁决。被征收土地已经被征收的，无须重复征收，尚未征收的应当重新征收。

若土地征收补偿安置费用尚未发放，应根据重新订立的土地征收补偿安置协议或补偿裁决予以发放；若土地征收补偿安置费用已经发放，应当根据重新订立的土地征收补偿安置协议或补偿裁决予以调整，少发放的部分应当予以补足，多发放的则责令退回、追回。除此之外，根据《民法典》第157条的规定，土地征收部门与被征收人中有过错的一方应当赔偿对方因此所受到的损失，双方都有过错的，应当各自承担相应的责任。

74. 限制民事行为能力人签订的土地征收补偿安置协议有效吗？

限制民事行为能力人，是指因智力发育不成熟或者精神存在一定程度的障碍，不能认清自己行为后果的人。根据相关法律规定，我国确定的限制民事行为能力人包括两种：（1）8周岁以上不满18周岁的未成年人。但年满16周岁未满18周岁以自己的劳动作为主要收入来源的，视为完全民事行为能力人。（2）不能完全辨认自己行为的精神病人。如果任由限制民事行为能力人实施行为，既不利于行为人自身利益的保护，也会损害他人的利益。因此，限制民事行为能力人实施行为的范围依法受到限制，只能亲自实施与自己智力、精神状况相适应的行为，并承担相应的行为后果；超出自己智力、精神状况的行为，应由其法定代理人代理实施。

为此，《民法典》第145条规定，限制民事行为能力人实施的纯获利益的民事法律行为或者与其年龄、智力、精神健康状况相适应的民事法律行为有效；实施的其他民事法律行为经法定代理人同意或者追认后有效。因此，一般而言，限制民事行为能力人签订的合同是属于效力待定的合同，只有通过法定代理人的追认，才能使限制民事行为能力人签订的效力待定合同产生效力。所谓追认是指法定代理人明确无误地表示认同限制民事行为能力人与他人签订的合同。这种认同是一种单方意思表示，无须合同的相对人同意即可发生效力。

由此，如果被征收人是限制民事行为能力人，他虽然有权与土地征收部门签订土地征收补偿安置协议，但该协议必须经过他的法定代理人追认才能具有法律效力，在没有追认前，土地征收补偿安置协议虽然成立但并没有实际生效，双方并不能据此解决土地征收补偿安置事宜。只有在法定代理人追认后，作为限制民事行为能力人的被征收人与土地征收部门签订的土地征收补偿安置协议才能产生法律效力，双方才能据此安排土地征收补偿安置事宜。根据我国法律规定，法定代理人可以是公民，也可以是法人。公民作为法定代理人时，一般是由限制民事行为能力人的近亲属充当，如父母是未成年子女的法定代理人，丈夫是患有精神病的妻子的法定代理人。法人作为法定代理人时，一般是由限制民事行为能力人所在地的居民委员会、村民委员会或者民政部门充当，限制民事行为能力人的父母所在的单位也可以充当法定代理人。

75. 他人代为签订的土地征收补偿安置协议有效吗?

在部分情况下，作为被征收土地上房屋所有权人的被征收人并未与土地征收部门签订土地征收补偿安置协议，但其他人如被征收人的亲属，以被征收人的名义与土地征收部门签订了相关协议。在这种情况下，土地征收补偿安置协议的效力认定同样重要。

他人代为签订的土地征收补偿安置协议的效力认定须依据《民法典》的相关规定。根据《民法典》的规定，签订土地征收补偿安置协议的行为人得到被征收人明确授权的，即具有代理权的，以被代理人也就是被征收人的名义签订的土地征收补偿安置协议，对被征收人产生法律效力，被征收人应当据此与土地征收部门落实房屋征收补偿事宜。

然而，根据《民法典》第171条的规定：“行为人没有代理权、超越代理权或者代理权终止后，仍然实施代理行为，未经被代理人追认的，对被代理人不发生效力。相对人可以催告被代理人自收到通知之日起三十日内予以追认。被代理人未作表示的，视为拒绝追认。行为人实施的行为被追认前，善意相对人有撤销的权利。撤销应当以通知的方式作出。行为人实施的行为未被追认的，善意相对人有权请求行为人履行债务或者就其受到的损害请求行为人赔偿。但是，赔偿的范围不得超过被代理人追认时相对人所能获得的利益。相对人知道或者应当知道行为人无权代理的，相对人和行为人按照各自的过错承担责任。”也就是说，签订土地征收补偿安置协议的行为人没有得到被征收人授权，或者签订的内容超过了被征收人的授权，或者在停止授权后签订的，如果被征收人没有追认，则签订的土地征收补偿安置协议对被征收人不产生法律效力，相关的法律后果由行为人承担。而土地征收部门可以在1个月内通知被征收人，催告被征收人予以追认；被征收人并未作出表示或者明确拒绝追认的，签订的土地征收补偿安置协议无效。同时，在被征收人追认前，如果土地征收部门并不知道签订协议的人没有代理权、超越代理权或者代理权终止，它也有权撤销已经签订的土地征收补偿安置协议。

又根据《民法典》第172条的规定，如果签订协议的行为人没有代理权、超越代理权或者代理权终止，但土地征收部门有理由相信这个行为人有代理权的，行为人代为签署的土地征收补偿安置协议也会对被征收人产生法律效力。

在实践中，为了避免代理行为导致土地征收补偿安置协议效力的不确定性，一般要求被征收人本人与土地征收部门签订土地征收补偿安置协议。如果被征收人确有事情导致本人无法亲自签订的，一般要根据要求出具相应的授权委托书，明确代为签署的行为人具有代理权方才可以。同时，最好在被征收人能够签订时，要由被征收人补签字，加强土地征收补偿安置协议的法律效力。

第四节　土地征收补偿安置费用

76. 征地补偿费具体涵盖哪些项目？

在征地补偿费的具体项目方面，2004年《土地管理法》第47条明确了征收耕地的补偿费用包括土地补偿费、安置补助费以及地上附着物和青苗的补偿费，并没有明确征收其他土地时的补偿费项目，而是交由省、自治区、直辖市予以具体明确。在实践中，在征收包括耕地在内的农用地时，征地补偿费的项目一般会同上述征收耕地的情形，而在征收集体所有建设用地时，则一般仅包括土地补偿费、安置补助费和地上附着物的补偿费。2019年《土地管理法》第48条则改变了旧法的规则逻辑，笼统地规定了征收土地应当依法及时足额支付土地补偿费、安置补助费以及农村村民住宅、地上附着物和青苗等的补偿费用，并安排被征收农民的社会保障费用。若不涉及征收农村村民住宅，征地补偿费包括土地补偿费、安置补助费以及地上附着物和青苗等的补偿费用；若涉及征收农村村民住宅，则需另行单独就征收住宅予以补偿。

上述各项征地补偿费中，土地补偿费是指因国家征收土地，对土地所有者在土地上的投入和收益（包括未来收益）造成损失的补偿；安置补助费是指因国家征收集体土地，为了解决以土地为主要生活收入来源的农业人口因失去土地造成的生活困难而给予的补助费用；农村村民住宅补偿费是指征收土地涉及农村村民住宅的，为保障农村村民居住权和合法的住房财产权益而作出的对房屋价值等的补偿；地上附着物补偿费是指对被征收土地上除农村村民住宅外的各种地上建筑物、构筑物拆迁和恢复的费用，以及被征收土地上林木的补偿或者砍伐费用；青苗补偿费是指对征收土地上生长的农作物造成损失所给予的补偿费用。

除上述补偿费用外，部分地方还规定了其他项目的补偿费用，如《南宁市征收集体土地补偿安置办法》还规定了产业用地及配套基础设施补助费用等。

77. 集体土地征地补偿费如何分配？

在我国地方实践中，村集体土地被征收后，由村委会决定土地补偿款的分配，或者全部平均分配给村集体成员，或者部分分配给村集体成员、部分留村集体使用。那么，农村集体土地征地补偿款法律规定应当如何分配呢？

根据《土地管理法实施条例》第 26 条的规定，因集体土地所有权归村集体经济组织所有，所以土地补偿款应当归农村集体经济组织所有。同时，《最高人民关于审理涉及农村土地承包纠纷案件适用法律问题的解释》第 24 条规定，农村集体土地发包方可按照法律规定的民主决议程序决定在本集体经济组织内分配已经收到的土地补偿费用。据此，农村集体经济组织在收到土地补偿费用后，应当按照《村民委员会组织法》第 24 条的规定召开村民会议，在集体经济组织成员内部进行平均分配。

我国部分地方对此作出了更为明确的规定。《三亚市集体土地征收补偿安置管理规定》第 31 条规定，征收取得第二轮土地承包权和宅基地使用权证的土地，农村集体经济组织没有条件调整数量与质量相当的土地给被征地农民继续承包经营和建房的，征地补偿费（含土地补偿费和安置补助费）按不少于 70% 的比例支付给被征地农民；第 32 条则指出，征收取得村集体其他土地承包权的土地，其征收补偿费（含土地补偿费和安置补助费）原则上归村集体用于发展集体经济、村庄建设或者发展公益事业。对于被征收土地投入开荒和承包经营促进土壤改良的农民或经营者，村集体可支付一定比例的安置补助费，其支付比例须经村民会议 2/3 以上成员或者村民代表会议 2/3 以上的代表同意决定。

综上，土地补偿费属于村集体所有，它应当在村集体经济组织内部平均分配。村委会决定土地补偿费的分配，应当召开村民会议或者村民代表会议。对于没有直接分配到村集体成员的补偿费，村民也有权监督村集体的使用情况。村委会若自行决定土地补偿费的使用，有可能损害村民的切实利益，也不符合村民自治的民主原则，应当无效。

78. 乡镇人民政府有权留用征地补偿费吗?

在部分地方的集体土地征收补偿实践中，部分乡镇人民政府会截留上级人民政府下发的土地征收补偿费用，以弥补本级财政资金的不足。乡镇人民政府的这一做法常常会引发被征地农民的反抗，引发社会矛盾。那么，乡镇人民政府能否留用征地补偿费用呢?

一般来说，征地补偿费包括土地补偿费、安置补助费、青苗和地上附着物（包括农村村民住宅）补偿费。土地补偿费是对征收集体土地所有权的补偿，因而应当归被征地农村集体经济组织所有，具体由农村集体经济组织自行分配。安置补助费是对征收集体土地承包经营权的补偿，用于被征收农民重新择业安置，其分配原则是“谁安置，谁取得”。而青苗和地上附着物（包括农村村民住宅）补偿费则是对因土地征收损害的地上财物的补偿。

根据《土地管理法实施条例》第26条的规定，土地补偿费应当归农村集体经济组织所有；青苗和地上附着物（包括农村村民住宅）补偿费归其所有者所有。征收土地的安置补助费则必须专款专用：（1）需要安置的人员由农村集体经济组织安置的，安置补助费支付给农村集体经济组织，由农村集体经济组织管理和使用；（2）由其他单位安置的，安置补助费支付给安置单位；（3）不需要统一安置的，安置补助费则直接发放给被安置人员本人或者征得被安置人员同意后用于支付被安置人员的社会保险费用。

因此，乡镇人民政府只有在负责安置被征地农村村民时，可以留用土地征收补偿费中的安置补助费，但不能留用其他应当归属于农村集体经济组织或村民所有的土地征收补偿费用。在乡镇人民政府不负责安置时，不得留用全部的土地征收补偿费用。

79. 什么是土地安置补助费？

土地安置补助费是指为了安排以土地为主要生产资料并取得生活来源的农村村民重新谋求收入来源而下发的专项土地征收补助费用。给予安置补助费是因为征地行为会使那些以农业为生的农村村民丧失谋生手段，为了不使这部分村民不因丧失土地而失去生计，同时避免劳动力闲置，就有必要解决这部分村民的再就业问题。

为此，安置补助费必须专款专用，用于解决被征地农民的就业与生活问题。根据《土地管理法实施条例》第26条的规定，安置补助费应当按照下列原则使用：（1）需要安置的人员由农村集体经济组织安置的，安置补助费支付给农村集体经济组织，由农村集体经济组织管理和使用；（2）由其他单位安置的，安置补助费支付给安置单位；（3）不需要统一安置的，安置补助费则直接发放给被安置人员本人或者征得被安置人员同意后用于支付被安置人员的社会保险费用。

为了更好地安置被征地农民，部分地方在土地安置补助费之外，还推出了许多更具有实质意义的安置措施，如根据《南宁市征收集体土地补偿安置办法》的规定，南宁市集体土地被征收的，安置补偿方式可以有以下3种：（1）安排产业用地。按被征地农村集体经济组织在册农业人口人均不超过40平方米的标准安排产业用地。（2）实物补助。在项目前期推进单位统一建造或提供的商用产业楼内，被安置人口享受按照人均不超过15平方米建筑面积标准的商用产业用房或人均不超过20平方米建筑面积标准的住宅用房的实物补助。（3）自谋职业补助。确无条件安排产业用地或进行实物补助的，由被安置的农村村民与被征地集体经济组织签订自谋职业安置协议，按规定标准支付自谋职业补助费。

80. 地上附着物补偿费如何计算?

2019 年《土地管理法》将农村村民住宅与其他地上附着物区分开来，因此，现有的地上附着物补偿费是指对被征收土地上除农村村民住宅外的其他各类建筑物、构筑物，如大棚、农用房、水井等的拆迁费用和恢复费用，以及被征收土地上林木的补偿费用或砍伐费用等的总和。

根据《土地管理法》的规定，地上附着物的补偿标准由省、自治区、直辖市制定。就补偿原则来说，地上附着物的补偿费以拆迁的量为标准，拆多少补偿多少，但并不需要拆什么补偿什么。例如，根据《周口市人民政府关于调整征收土地地上附着物和青苗补偿费标准的通知》的规定，周口市中心城区（含川汇区、开发区、东新区、港口物流产业集聚区）国家建设征地地上附着物补偿，由市政府对中心城区各区包干，包干标准为 8000 元 / 亩；又如，《长沙市人民政府关于调整征收农村集体土地地上附着物及青苗补偿标准的通知》明确列明了长沙市征地各类地上附着物的补偿标准，具体包括住宅房屋、住宅房屋室外设施和生产用房、企业房屋室内及室外设施、砂石场、预制场、砖场等，每一种地上附着物的补偿标准均单独列出。

因此，征收农村集体土地的，应当给付的地上附着物补偿费应当根据各地方公布的具体标准计算。

81. 青苗补偿费如何计算？

青苗补偿费是指农作物正处于生长期尚未能收获，但因土地征收平整需要铲除，致使农作物不能收获而给农民造成损失时，应当给予土地承包经营人的经济补偿费用。根据《土地管理法》的规定，征收农用地以外的其他土地、地上附着物和青苗等的补偿标准，由省、自治区、直辖市制定。而实际上，考虑到同一省级行政区域内各个城市间发展水平的差异，一般来说青苗补偿标准均是由各个市（区）制定，随后报对应的省、自治区、直辖市批准后实施。就补偿原则而言，青苗补偿以农作物的价值为准，根据土地征收被铲除的农作物的价值多少，相应地就应当给付多少的补偿费用。

比如，根据《长沙市人民政府关于调整征收农村集体土地地上附着物及青苗补偿标准的通知》的规定，长沙市征收农作物青苗类补偿标准可具体划分为水田、专业菜地、专业鱼池、旱土、水塘水库、苗木花卉、经济林木、人造用材林木、非人造林木等，每一种还具体区分出两类补偿标准。

又如，根据《芜湖市人民政府关于芜湖市市区集体土地青苗补偿标准的通知》的规定，芜湖市市区（不含江北区域）集体土地青苗补偿标准划分为菜地、水稻、旱地作物、棉花、水生作物、药材、精养鱼塘、一般鱼塘、果园、苗木、林地，每一类农作物的补偿费标准也均有所不同。

综上，与地上附着物补偿费类似，应当给付的青苗补偿费应当根据各地方公布的具体标准计算。

82. 地上附着物以及青苗补偿费是否直接支付给被征地村民？

地上附着物和青苗补偿费是为了弥补被征地村民因丧失地上附着物或者农作物而产生的费用，实际上是对被征地农民财产权的补偿。为此，地上附着物和青苗补偿费不仅要真正实现补偿，即拆多少、伐多少，就要补多少，还要确保相关费用能够到达有实际损失的农民手中。因此，《土地管理法实施条例》明确规定了地上附着物及青苗补偿费归地上附着物及青苗的所有者所有。

而对于地上附着物及青苗补偿费的发放，《土地管理法》《土地管理法实施条例》等并未作出明确规定。根据原《关于完善征地补偿安置制度的指导意见》（现已失效）的规定，征地补偿安置方案经市、县级人民政府批准后，应按法律规定的时限向被征地农村集体经济组织拨付征地补偿安置费用；当地自然资源主管部门应配合农业、民政等有关部门对被征地集体经济组织内部征地补偿安置费用的分配和使用情况进行监督。在实践操作中，为提高地上附着物及青苗补偿费的发放效率，一般会连同土地补偿款一起支付给被征地集体经济组织，然后由集体经济组织发放到具体的被征地农民手中，但必须做到足额、准确发放到户。在国家未出台新的规范文件前，地上附着物及青苗补偿费的发放应当依照上述方式进行；国家若出台了新的规范文件，则按照新的规范要求进行。

第五节　土地征用搬迁

83. 集体土地征收过程中能否强制搬迁？

根据《国有土地上房屋征收与补偿条例》第27条的规定，被征收人应当在补偿协议约定或者补偿决定确定的搬迁期限内完成搬迁。同时，根据第28条的规定，当搬迁期限是由补偿决定确定时，被征收人在法定期限内不申请行政复议或者不提起行政诉讼，在补偿决定规定的期限内不搬迁的，作出房屋征收决定的市、县级人民政府依法可以申请人民法院强制执行。由此可见，在征收国有土地上房屋时，若被征收人在搬迁期限内未搬迁的，征收部门能够通过司法强制执行的手段进行强制搬迁。而《土地管理法》中并没有类似的规定，那么，是否就不能采取强制搬迁手段呢？

为保证集体土地征收与开发工作的顺利进行，对于拒不搬迁的以及其他拒不交出被征收土地的行为，《土地管理法实施条例》第45条规定，违反土地管理法律、法规规定，阻挠国家建设征收土地的，由县级以上人民政府土地行政主管部门责令交出土地；拒不交出土地的，申请人民法院强制执行。由此，在征收集体土地时，若被征收人拒不搬迁或有其他拒不交出土地的行为，自然资源主管部门也是有权申请法院强制执行的。

结合上述法条与实践经验，对集体土地上的房屋进行强制搬迁的，必须满足以下程序要求：（1）有权作出征地许可的人民政府已经作出了征地批复，市、县级人民政府也已经发布了《征收土地公告》与《征地补偿安置方案公告》，征地的事实程序已经依法进行；（2）被征收土地的所有权人、使用权人已经与土地征收部门签订土地征收补偿安置协议，未签订的也已明确了补偿安置方案；（3）绝大部分被征收土地的所有权人、使用权人已经依法得到补偿安置，少部分无正当理由拒绝接受补偿安置，且拒不交出土地，并已经影响到征收工作的顺利开展；（4）县级以上人民政府自然资源主管部门已经作出《责令交出土地决定书》并依法送达；（5）被征收人在收到《责令交出土地决定书》后没有申请行政复议也没有提起行政诉讼；（6）自然资源主管部门可依据《行政强制法》《土地管理法实施条例》的规定申请人民法院强制执行。

84. 能否采用断水、断电等方式迫使被征收人搬迁？

在《国有土地上房屋征收与补偿条例》颁布及《土地管理法》

修订前，在城市国有土地上房屋征收与农村集体土地征收过程中，我国部分地区的部分建设项目，征收人或实际项目建设方为推进被征收房屋拆迁工作，实现私人的经济利益，对于那些未在征收补偿安置协议约定或者人民政府裁决确定的搬迁期限内完成搬迁的被征收人与被拆迁房屋，在某些时候会采取一些过激的手段，如暴力、威胁或者违反规定采取中断供水、供热、供气、供电和道路通行等非法手段，迫使被征收人搬迁。在拆迁人采取上述行为的过程中，常常引发拆迁人与被拆迁人之间的激烈冲突，甚至造成重大人员伤亡事故，严重影响了社会稳定，也不符合房屋征收或土地征收的初衷。

为杜绝暴力强拆行为的出现，我国相关法律规范一方面规定了征收工作只能由作出房屋征收决定的市、县级人民政府及其房屋（土地）征收部门、符合条件的非营利性征收实施单位进行，禁止建设单位参与搬迁工作；另一方面则明确禁止任何单位和个人采取暴力、威胁或者违反法律法规规定中断供水、供热、供气、供电和道路通行等非法方式强迫被征收人搬迁。需要注意的是，除明确规定禁止的暴力、威胁，违规断水、断热、断气、断电外，只要行为不符合法律规定，对被征收人造成压迫的，也同样是被禁止的，应当坚决予以严厉打击。

85. 部分地方政府为加快征地进度采取的“株连式拆迁”合法吗?

“株连式拆迁”是指土地征收单位以被征收人或被征收人亲属中的公职人员的“饭碗”相要挟，不仅要求这些公职人员签订一些明显不合理的土地征收补偿安置协议，而且要求他们动员自己的亲属签订土地征收补偿安置协议，否则即予以停薪、停职、调离等。

采取这种“株连式拆迁”，地方政府可以利用被征收人和其公务人员亲属的亲情高效而低调地达到目的，而被征收人的利益或者其公务人员亲属的职务以及亲情则成了高效推动土地征收进程的牺牲品。“株连式拆迁”直接暴露出了部分地方政府简单粗暴的工作习惯及“懒政”的工作作风，为了能快速推进土地征收工作的完成，手段无所不用其极，甚至以亲情作为筹码。

在现实实践中，“株连式拆迁”的实施极容易引发社会矛盾和冲突。毫无疑问，“株连式拆迁”是违法的，国家及地方人民政府均已明令禁止，如《国务院办公厅关于进一步严格征地拆迁管理工作切实维护群众合法权益的紧急通知》第 4 条即明确规定，对采取停水、停电、阻断交通等野蛮手段逼迫搬迁，以及采取“株连式拆迁”和“突击拆迁”等方式违法强制拆迁的，要严格追究有关责任单位和责任人的责任。

86. 地方政府申请人民法院执行交出土地决定的，应当符合什么条件？

根据《土地管理法实施条例》第45条的规定，违反土地管理法律、法规规定，阻挠国家建设征收土地的，由县级以上人民政府自然资源主管部门责令交出土地；拒不交出土地的，自然资源主管部门可以申请人民法院强制执行。那么，地方政府自然资源主管部门申请人民法院强制执行的，应当符合哪些条件呢？

根据《最高人民法院关于审理涉及农村集体土地行政案件若干问题的规定》第14条的规定，自然资源主管部门申请人民法院强制执行责令交出土地决定的，应当符合以下条件：

第一，征收土地方案已经有权机关依法批准。

第二，市、县级人民政府和自然资源主管部门已经依照土地管理法和土地管理法实施条例规定的程序实施征地行为。

第三，被征收土地所有权人、使用人已经依法得到安置补偿或者无正当理由拒绝接受安置补偿，且拒不交出土地，已经影响到征收工作的正常进行。

第四，符合《最高人民法院关于适用〈中华人民共和国行政诉讼法〉的解释》第155条规定的条件，也就是：（1）行政行为依法可以由人民法院执行；（2）行政行为已经生效并具有可执行内容；（3）申请人是作出该行政行为的行政机关或者法律、法规、规章授权的组织；（4）被申请人是该行政行为所确定的义务人；（5）被申请人在具体行政行为确定的期限内或者行政机关催告期限内未履行义务；（6）申请人在法定期限内提出申请；（7）被申请执行的行政案件属于受理申请执行的人民法院管辖。

87. 地方政府申请人民法院强制执行搬迁的法定程序是怎么样的？

根据《土地管理法实施条例》第45条的规定，违反土地管理法律、法规规定，阻挠国家建设征收土地的，由县级以上人民政府自然资源主管部门责令交出土地；拒不交出土地的，申请人民法院强制执行。但实施条例对于自然资源主管部门如何申请人民法院强制执行并未作出规定。

综合我国法律规定，地方政府自然资源主管部门申请人民法院强制执行，主要应当依据《行政诉讼法》《行政强制法》以及2011年发布的《最高人民法院关于审理涉及农村集体土地行政案件若干问题的规定》等。

首先，申请强制执行的前置要求。根据《行政强制法》第53条、第54条的规定，集体土地的被征收人拒不交出土地，同时在法定期限内不申请行政复议或者提起行政诉讼的，自然资源主管部门可以在期限届满之日起3个月内申请人民法院强制执行。但是，自然资源主管部门在申请强制执行前，还应当再次催告被征收人交出土地；催告书送达10日后被征收人仍不交出土地的，才可以申请强制执行。

其次，申请强制执行的管辖。根据《行政强制法》第54条的规定，自然资源主管部门申请强制执行的，应当向被征收土地所在地有管辖权的人民法院申请强制执行，一般为被征收土地所在地的基层人民法院，各省、自治区、直辖市高级人民法院可以根据本地实际情况决定管辖法院。

再次，申请强制执行的资料。根据《行政强制法》第55条的规定，自然资源主管部门申请强制执行的，应当提供以下资料：（1）强制执行申请书；（2）责令交出土地的行政决定书及作出决定的事实、理由和依据；（3）当事人的意见及行政机关催告情况；（4）申请强制执行标的情况；（5）法律、行政法规规定的其他材料。强制执行申请书应当由自然资源主管部门的负责人签名，加盖部门的印章，并注明日期。

又次，强制执行申请的审查。根据《行政强制法》的规定，人民法院接到自然资源主管部门强制执行的申请后，应当在5日内受理。人民法院对强制执行的申请进行书面审查，对符合规定且行政决定具备法定执行效力的，一般应当自受理之日起7日内作出执行裁定。但是，有下列情形之一的，在作出裁定前，人民法院可以听取被执行人和自然资源主管部门的意见：（1）明显缺乏事实根据的；（2）明显缺乏法律、法规依据的；（3）其他明显违法并损害被执行人合法权益的。在具有上述情形的情况下，人民法院应当自受理之日起30日内作出是否执行的裁定。

最后，强制执行申请的裁定。经审查后，人民法院如果裁定不予执行，应当说明理由，并在5日内将不予执行的裁定送达自然资源主管部门。自然资源主管部门对人民法院不予执行的裁定有异议的，可以自收到裁定之日起15日内向上一级人民法院申请复议，上一级人民法院应当自收到复议申请之日起30日内作出是否执行的裁定。人民法院如果裁定准予执行，应当将裁定送达自然资源主管部门和被执行人，并可以根据实际情况建议自然资源主管部门依法采取必要措施，保障征收与补偿活动顺利实施。强制搬迁一般由作出征收补偿决定的市、县级人民政府组织实施，也可以由人民法院执行。

88. 地方政府能否对土地征而不用，在若干年后再拆迁并补偿？

根据《土地管理法》第45条的规定以及各地的集体土地征收实践，征收农村集体所有土地，一般都是为特定的项目建设需要，如建设能源、交通、水利、通信、邮政等基础设施，又如建设科技、教育、文化、体育设施等。为推进项目的建设进程，在土地征收完成后，征收部门都会快速完成土地征收补偿安置、土地平整等工作。但是，也有部分地方政府为降低征地成本，在没有明确建设项目，仅有规划方案时就早早进行征地，在征地后既不平整土地，也不进行征地补偿，农民依旧照常居住、生产生活。若干年后，政府明确了土地建设项目、招商引资成功后再行对土地上房屋等进行拆迁并补偿。

对于上述对土地征而不用，延后拆迁补偿的行为，我国是严令禁止的。国务院通过《关于深入开展土地市场治理整顿严格土地管理的紧急通知》等多个文件、多种渠道三令五申禁止土地征而不用的行为，北京、浙江等多个省市也多次发文要求清理土地征而不用问题。

对于已存在的土地征而不用的情况，地方政府在进行补偿时，是应当按照《土地管理法》及相关规定确定的集体土地征收标准补偿，还是按照《国有土地上房屋征收与补偿条例》及相关规定确定的国有土地上房屋征收标准补偿呢?

根据《土地管理法》第48条的规定，征收农村集体土地应当给予公平、合理的补偿，保障被征地农民原有生活水平不降低、长远生计有保障。在征地、补偿、拆迁相衔接的情况下，原有生活水平不降低所对应的即征地时农民的生活水平。而在土地征而未用，若干年后再补偿、拆迁的情况下，原有生活水平应当指的是补偿、拆迁时的生活水平。为此，在上述情况下，应当按照现时状态予以补偿。《最高人民法院关于审理涉及农村集体土地行政案件若干问题的规定》便明确要求，征收农村集体土地时未就被征收土地上的房屋及其他不动产进行安置补偿，补偿安置时房屋所在地已纳入城市规划区，土地权利人请求参照执行国有土地上房屋征收补偿标准的，人民法院一般应予支持，但应当扣除已经取得的土地补偿费。

因此，在征而不用的情况下，如果补偿时土地已被纳入城市范围，应当按照国有土地上房屋征收补偿标准予以补偿。

第六节　安置补偿特殊问题

89. 父母去世后农村住宅被征收的，户口迁出的子女能否获得补偿?

我国部分地区存在子女因就业、升学等原因户口迁出原所在村庄，而父母户口仍在农村老家的情况，父母去世后村集体并未收回宅基地，宅基地上房屋仍旧存在，户口迁出的子女偶尔也会回农村老家居住。若农村所有集体土地被征收，户口迁出的子女能否获得征地安置补偿呢?

根据《土地管理法》第48条的规定，征收农村村民住宅的，应当给予公平、合理补偿，保障其居住权和合法的住房财产权益。由此可以看出，征收农村村民住宅时给予的补偿，实质上是对农村村民居住权和财产权的补偿。因此，在父母去世后，征收他们的农村住宅的，虽然不再需要对他们的居住权进行补偿，但对他们的财产权，也就是被征收农村住宅本身价值的补偿仍是需要的。

子女的户口虽然已经迁出了被征地农村集体经济组织，但根据《民法典》第1122条的规定，公民的房屋作为公民的个人合法财产，可以在公民死亡后作为遗产由有权继承人继承。在父母未另行订立遗嘱或者遗赠抚养协议的情况下，子女依法可以继承父母在农村的住宅。而当该处住宅被依法征收时，子女也有权获得房屋征收补偿。因此，农村住宅在父母去世后被征收时，户口迁出的子女能够获得对被征收住宅本身的补偿，但无权获得征地补偿费及土地安置补偿费等与其依法可以继承的父母财产无关的补偿。

90. 农户的院子在征地中能否作为农村住宅的一部分获得补偿?

2019年《土地管理法》首次将农村村民住宅从地上附着物中独立出来，专门明确了征收农村村民住宅的，应当根据居住有改善的原则，给予公平、合理补偿，保障其居住权和合法的住房财产权益。所谓住宅，是指专用于满足人们居住需求而专门建造的有顶建筑物。而农家小院作为农户为保护自身财产或满足其他需要而营造的空间，通常以实体院墙或者绿篱等合围形成。这部分空间在规划上未确定为居住用房，在实践中也多数未加盖顶并用于居住用途。因此，农家小院不能被认定为住宅，自然在征地过程中不能作为农村住宅的一部分获得补偿。那么，农家小院在土地征收中是否就得不到补偿呢？答案是否定的。

这一点要根据农家小院占用的集体土地决定。根据《土地管理法》第 62 条的规定，为满足农村村民的居住需求，村民可申请一处宅基地用于建造房屋。如果农家小院是在申请的宅基地范围内的，那么其地上附着物，包括围墙、禽畜棚舍、门斗等，可根据征收地上附着物的标准进行补偿。但如果农家小院是在申请的宅基地范围外或部分在范围外的，在范围外的部分将被认定为违法建筑，无权获得任何补偿。根据《土地管理法》第 48 条的规定，征收地上附着物的补偿标准由省、自治区、直辖市制定。我国部分地方已经针对农家小院的补偿作出了规定，如苏州市 2010 年发布的《苏州市集体土地房屋拆迁管理暂行办法》第 22 条规定，被拆迁人所有的禽畜棚舍、室外厕所、门斗、水井、场地、花草树木、围墙、驳岸等其他地上附着物，由评估机构评估后给予补偿。

91. 村民在宅基地上建房用于经营性用途的，应当如何补偿？

根据《国有土地上房屋征收与补偿条例》第 23 条的规定，当被征收房屋是用于经营性用途时，依法应当补偿的，除对被征收房屋价值的补偿外，还需要另行对因征收房屋造成停产停业的损失进行补偿，相关标准根据房屋被征收前的收益、停产停业期限等因素确定。而《土地管理法》未对集体土地被征收时地上的经营性用房的停产停业损失作出规定，但现实中，有很多的农村村民利用自家的住宅或其他宅基地上的建筑物进行经营活动，如开设小卖部、农家乐，那么对这些用房是否要给予停产停业损失的补偿呢？

在国家没有明确规定的情况下，我国部分地方结合《土地管理法》中有关征收补偿“具体办法由省、自治区、直辖市制定”的规定，对上述情况作出了规定。如北京市在2003年发布的《北京市集体土地房屋拆迁管理办法》第22条中规定，对利用宅基地内自有房屋从事生产经营活动并持有工商营业执照的非居住房屋进行拆迁的，拆迁人除按照规定予以补偿、安置外，还应当适当补偿停产停业的经济损失。又如上海市在2011年发布的《上海市征收集体土地房屋补偿暂行规定》第21条规定，除农村集体经济组织以土地使用权入股、联营等形式与其他单位、个人共同举办的企业所有的非居住房屋外的非居住房屋，如利用宅基地内自有房屋从事生产经营活动的非居住房屋，按照上海市有关国家建设征地的财物补偿标准执行。

综上，农村村民利用自有宅基地内的房屋从事生产经营活动的，在土地被征收时，是否有权获得停产停业的补偿，主要看所在地方的地方性规范，但有两个前提条件一般都是需要满足的：一是农村村民是利用自有宅基地内的房屋从事生产经营活动，并不是侵占其他集体所有土地，特别是农用地建设房屋从事生产经营活动；二是村民的生产经营活动依法获得行政机关批准，获得工商营业执照及其他应有的行政许可。

92. 一户有多处宅基地的，应当如何进行补偿？

虽然《土地管理法》明确规定了农村村民一户只能拥有一处宅基地，其宅基地的面积不得超过省、自治区、直辖市规定的标准，但在现实中，基于历史原因和其他原因，部分农村村民一户拥有超过一处的宅基地，且宅基地的面积也超过了所在省、自治区、直辖市规定的标准。

针对这种状况，部分地方本着尊重历史、维护农村村民既有财产的目的，对一户有多处宅基地的情况，在征地补偿中适当放宽，允许给予一定的补偿。如《北京市集体土地房屋拆迁管理办法》第18条严格规定了土地征收补偿中认定的宅基地面积应当经过合法批准，且不超过控制标准；未经合法批准的宅基地，不予认定；经合法批准的宅基地超出控制标准的部分，不予补偿。但是上述办法还保留了一个例外，即1982年以前经合法批准的宅基地超出控制标准的部分，可以按照区、县人民政府的规定给予适当补偿。也就是说，如果村民在 1982 年前已经拥有一处以上的宅基地，对多的宅基地仍可以按照一定标准予以补偿。

也有部分地方虽然允许对村民所有的超过法定标准面积的宅基地进行补偿，但却严格限制只能有一处宅基地，且超建面积也不得超过一定值。如根据《怀化市城市规划区集体土地与房屋征收补偿安置办法》第 34 条的规定，根据“一户一宅”的原则，无合法手续的房屋，经审查同时符合一定条件的，在补交建房手续税费后，按户计算被征收房屋合法建筑面积。建房占用耕地面积在 130 平方米以内或占用其他土地面积在 180 平方米以内的房屋据实予以补偿；超出部分视为违法建筑，不予补偿。

因此，农村村民拥有的超过宅基地控制标准的部分宅基地，甚至是超过一处的宅基地能否得到补偿，以及如何进行补偿，须依据所在地的地方性规定确定。

93. 进城务工人员是否有权获得征地补偿？

进城务工人员是指那些户籍仍在农村，但为了谋求更高的收入，进入城区从事非农产业劳动，常住地在城区，仅在农忙时节或节假日返回农村，以非农业收入作为主要收入来源的劳动者，也被称为“农民工”。我国目前大约有3亿人的进城务工人员。对于这些不再以农业生产为主要劳动方式的农村村民，在集体土地被征收时，是否有权获得征地补偿呢？答案是肯定的。

征地补偿费用一般由土地补偿费、安置补助费、农村村民住宅征收补偿、其他附着物补偿费、青苗补偿费等几部分组成。其中，土地补偿费是集体土地被征收而需支付给集体经济组织的土地所有权的补偿，只要是集体经济组织的成员，都有权参与该笔费用的分配。进城务工人员虽为了寻求更高的收入进城务工，但其户籍并未迁出，仍是集体经济组织成员，他们与留在村里生活的其他村民一样享有征地补偿费的分配权益。而对于安置补助费，进城务工人员虽然以非农业收入为主，但农业收入仍占其收入的一部分，被征地后仍有权获得安置补助，因无须统一安置，安置补助费应当直接发放到个人手中。村民住宅、其他地上附着物、青苗补偿，是对因征地而丧失的合法财产的补偿，进城务工人员在原村集体只要仍有住宅、其他地上附着物和青苗的，就有权获得相关的补偿。

因此，进城务工人员虽以在城区生活、非农产业收入为准，但并未改变他们的农村户籍及对农村的依附性，仍有权获得征地补偿。

94. 户籍仍在原村的出嫁女，能否参与原村的土地补偿款分配？

在部分农村地区，村民认为本村存在被征地的可能性，为了保障征地补偿收益，在出嫁女儿时会不迁出女儿的户籍。而在征地补偿实践中，部分农村集体经济组织在作出土地补偿费分配决定时，会取消该部分户籍仍在本村的出嫁女的分配资格，由此引起的社会矛盾不在少数。那么，户籍仍在原村的出嫁女，是否能参与原村的土地补偿款分配呢？

在日常实践中，这一问题处理的核心在于出嫁女嫁入的是城区还是其他村集体，以及她在嫁入的村集体是否参与了收益分配。例如，根据中共广东省委办公厅、广东省人民政府办公厅2006年转发的《省委农办、省妇联、省信访局关于切实维护农村妇女土地承包和集体收益分配权益的意见》的规定，农村集体经济组织成员中的妇女，因结婚户口未迁出原居住地并尽义务的，仍是户口所在地集体经济组织成员，其本人和按政策生育的子女享有与男子平等权益；因结婚户口迁出，在原居住地已享有承包地或集体收益分配等权益的，在新居住地不重复享有；因结婚户口迁出，在新居住地未取得承包地或集体收益分配等权益的，原居住地不得收回其享有的合法权益。

又如三亚市2013年修订的《三亚市集体土地征收补偿安置管理规定》对外嫁女的权益作出了如下规定：（1）外嫁女嫁入城镇，但其户口未迁出，也未被纳入城镇居民社会保障体系的，可与原集体经济组织成员同等条件分享征地补偿费收益；外嫁女嫁入城镇，已取得非农业户口并被纳入城镇居民社保体系的，不再分享原集体经济组织的征地补偿费收益；（2）离婚或者丧偶改嫁的妇女，在新居住地未取得承包地的，仍可与原集体经济组织成员同等条件分享征地补偿费收益。

因此，为了保障妇女权益，对于户籍仍在原村的出嫁女，如果在嫁入的农村集体经济组织中未参与各种形式的收益分配，在嫁入的城镇未纳入城镇居民社保体系，是有权参与原村被征地补偿款项的分配的。

95. 户籍仍在原村的入赘婿是否有权参与原村征地补偿款的分配？

入赘婿又称上门女婿，是指那些在结婚后定居于女方家中的男子。受我国传统思想的影响，有些男方在入赘女方家之后，会选择不迁户口，户口仍在原村。那对于这些户籍仍在原村的入赘婿，在原村土地被征收后是否有权参与征地补偿款的分配呢？

结合我国各地的实践及相关规定，户籍仍在原村的入赘婿参与原村征地补偿款的分配问题，处理关键与出嫁女情况类似，即在于其入赘的是城区还是其他村集体，以及他在入赘的村集体是否参与了收益分配。如根据安徽省高级人民法院2004年颁布的《安徽省高级人民法院关于处理农村土地纠纷案件的指导意见》，入赘婿的集体经济组织成员资格的认定，参照外嫁女的成员资格认定。具体而言，入赘婿虽未取得入赘地集体经济组织所在地户籍，但已经脱离原所在地集体经济组织生产、生活的，应当具有入赘地集体经济组织成员资格。对于入赘城市的入赘婿，如果其没有取得非农业户籍，应视为具有原集体经济组织成员资格。

也就是说，如果入赘婿在入赘所在村集体经济组织已取得承包地或者集体收益分配等权益，就不再分享原集体经济组织的征地补偿费收益；如果入赘婿入赘城镇，已取得非农业户口并被纳入城镇居民社保体系，就不再分享原集体经济组织的征地补偿费收益。但如果入赘婿在入赘的农村集体经济组织中未参与各种形式的收益分配，在入赘的城镇未纳入城镇居民社保体系，则有权参与原村被征地补偿款项的分配。

96. “空挂户”是否有权参与征地补偿款的分配？

“空挂户”一般是指户籍虽然在某一集体经济组织所在地，

但不在该地生产、生活的人员。这类人员户籍空挂的目的，主要是方便解决子女就学或从事经营活动。根据《最高人民法院关于审理涉及农村土地承包纠纷案件适用法律问题的解释》第24条的规定，农村集体经济组织或者村民委员会、村民小组，可以依照法律规定的民主议定程序，决定在本集体经济组织内部分配已经收到的土地补偿费。征地补偿安置方案确定时已经具有本集体经济组织成员资格的人，请求支付相应份额的，应予支持。也就是说，只有在征地补偿安置方案确定时已经具有本集体经济组织成员资格的人，才有权参与征地补偿款的分配。因此，是否具有本集体经济组织成员资格是“空挂户”能否参与征地补偿款分配的关键。

对于“空挂户”的集体经济组织成员资格，不能仅凭他的户口在本集体经济组织就直接认定，也不能因为空挂的本质而全然否定。在具体实践中，应当遵循一户一策、一人一策的原则，具体情况具体分析。一般来说，“空挂户”为入户与该集体经济组织有明确协议的，按照协议执行；没有协议的，根据村民民主自治原则，如果经过村民民主议定同意，则其应享有该集体经济组织成员资格；但若民主议定不予同意，则不宜确认其成员资格。“空挂户”如果依协议或者根据集体经济组织民主决议具有集体经济组织成员资格，依法应当有权参与征地补偿款的分配。

97. 在校大中专生、现役义务兵、服刑人员的户籍迁出农村后，能否参与原村的土地补偿款分配？

随着农村教育水平的不断提高，越来越多的农村学生考入大中专院校离家求学，并按照学校的要求将户口迁移到所在的学校。与之相类似，现役义务兵与服刑人员也存在需按要求将户口迁移到服役或服刑地的情况。那么，这些户籍迁出的在校大中专学生、现役义务兵、服刑人员，在原户籍所在的村集体经济组织所有的土地被征收时，能否参与土地补偿款的分配呢？

一般来说，依照我国各地方已出台的有关法律规范和政策规定，大中专在校生、现役义务兵、服刑人员在上学、服役、服刑期间，其户籍虽然已经迁出，但仍应被认定为具有其户籍迁出地的集体经济组织成员资格，能够参与土地征收补偿费的分配。

例如，根据《重庆市征地补偿安置办法》第13条的规定，被征地单位的下列人员按有关规定农转非或以调整承包地方式予以安置：（1）农业人口；（2）在校大中专学生；（3）现役义务兵；（4）劳动改造人员。又如，根据《安顺市两城区集体土地上房屋征收与补偿办法》第19条的规定，原常住户口在征收地的在役义务兵、士官（符合国家军人安置政策的除外）、大中专院校在校学生、劳动教养及监狱服刑人员，可计入安置人口，享受征收补偿安置。按照上述规定，无论在校大中专学生、现役义务兵、服刑人员户籍是否迁入就读学校、服役地、服刑地，都有权参与原村的征地补偿款分配。

我国各地方作出上述规定，是因为在校大中专学生、现役义务兵、服刑人员将户籍从原村转入就读学校、服役地、服刑地，虽存在一定的自我意愿，但主要是基于学校学籍管理规定、部队军籍管理规定、监狱（看守所）对服刑人员的管理规定。上述人员基于规定将户籍转出，并不代表他们已经脱离了农村集体经济组织，如无特殊限制，他们在毕业、义务兵役期满或服刑期满后，户口都会迁回原村。因此，在校大中专学生、现役义务兵、服刑人员应当享有与其他村民同等的权利，有权参与集体经济组织对征地补偿费用的分配。

98. 农村村民收养的子女能否参与征地补偿款的分配？

对于农村村民收养的子女能否参与征地补偿款的分配，一直存在着争议。在部分地方实践中，部分村集体经济组织认为村民收养的孩子没有在本村出生，不能算是本集体经济组织的成员，不能参与征地补偿款的分配；部分村集体经济组织认为只要村民收养的孩子拥有本村的户口，也可以参与征地补偿款的分配。

部分地方在遵照《收养法》第15条（现《民法典》第1105条）“收养应当向县级以上人民政府民政部门登记。收养关系自登记之日起成立”的规定，结合已有的征收补偿实践，确定了关于农村村民收养子女参与征地补偿款分配的相关制度。例如，《丽水市市区征收集体所有土地房屋补偿管理办法》第34条规定，通知选房前或安置地基抽签选定前出生、合法收养的人口，即便在被征地村无常住户口，仍可以计入安置人口，参与征地补偿款的分配。又如，重庆市高级人民法院2009年印发的《关于农村集体经济组织成员资格认定问题的会议纪要》的规定，因合法的收养关系，在本集体经济组织所在地生产、生活，并将户口迁入本集体经济组织所在地的人员，应当被认定为取得本集体经济组织成员资格，有权参与征地补偿款的分配。再如，《济南市人民政府关于实施〈济南市土地征收管理办法〉若干问题的意见》第7条规定，对有合法收养手续且在被征收土地村有户口的被收养人，可予以补偿安置；对没有合法收养手续而在本村有户口的被收养人，可以给予房屋安置。

综合上述规定，农村村民收养的子女拥有被征收土地集体经济组织所在地的户口，是其能够参与征地补偿款分配的基本条件。除此之外，各地一般还会要求拥有合法的收养手续，即根据《民法典》的规定在民政部门登记。

99. 村民将户口迁至城镇转为非农户口的，能否参与原村征地补偿款分配？

村民将户口迁至城镇转为非农户口后，原村集体经济组织所有的土地被征收的，该村民能否参与原村征地补偿款分配的问题，一直存在着争议，各地的做法也有所不同。

例如，按照重庆市高级人民法院2009年印发的《关于农村集体经济组织成员资格认定问题的会议纪要》的规定，农村村民迁入重庆市各区县（自治县）所辖街道办事处或者区县（自治县）人民政府驻地镇，转为非农业户口的，自取得非农业户口之日起，其原有的集体经济组织成员资格丧失；迁入其他城镇，转为非农业户口，且纳入国家公务员序列或者事业单位编制的，其原有的集体经济组织成员资格丧失。但同时，该会议纪要还规定了农村集体经济组织成员资格丧失的确认，应当遵循以人为本的原则，在农村集体经济组织成员未改变户籍性质和退出承包地之前，一般不宜认定农村集体经济组织成员资格丧失。也就是说，如果农村村民迁至重庆市以外的城镇，转为非农业户口，但并未纳入国家公务员序列或者事业单位编制的，其原有的集体经济组织成员资格并未丧失。同时，基本符合集体经济组织成员资格丧失的条件，但只要该村民未退出承包地的，一般也不会认定农村集体经济组织成员资格丧失。

又如，根据《衢州市区集体土地房屋征收补偿安置办法》第 10 条的规定，被征地农村村民的配偶及其 22 周岁以下子女为非农业户口且未享受房改、政府保障性住房等政策的，可以被认定为安置人口，参与征地补偿安置。

综合上述重庆市及衢州市的规定，村民将户口迁至城镇转为非农户口的，并非完全不能再参与原村征地补偿款的分配，具体要看其是否会因土地征收而造成财产权益的损失，如其是否仍有承包土地或者持有宅基地并建有房屋。村民将户口迁至城镇转为非农户口的，能否再参与原村征地补偿款的分配，具体还需看所在地方的规定。

100. 承包地转包或者出租的，征收补偿款归谁所有？

根据《宪法》《土地管理法》《农村土地承包法》等的规定，我国实行农村土地承包经营制度，适合采取家庭承包方式的农村土地，农村集体经济组织成员有权依法承包。农村集体经济组织成员享有土地承包经营权，可以自己经营，也可以保留土地承包权，依法采取出租（转包）、入股或者其他方式向他人流转土地经营权。在承包人将土地经营权流转给他人之后，如果土地被依法征收，相关的征地补偿款应当归谁所有呢？

征地补偿款一般有土地补偿费、安置补助费、农村住宅征收补偿费、其他地上附着物以及青苗补助费。其中，土地补偿费与安置补助费我们认为具有人身属性，能否取得这两笔补偿主要取决于是否具有集体经济组织成员资格。一般情况下，只要是具有被征地集体经济组织成员资格的个人，都能获得上述费用，部分特殊情况在此暂时不论。

而农村住宅征收补偿费、其他地上附着物以及青苗补助费更多的是具有财产属性，也就是谁是农村住宅、其他地上附着物、青苗的实际合法拥有者，谁就有权享有相应的补偿。《最高人民法院关于审理涉及农村土地承包纠纷案件适用法律问题的解释》第22条就明确规定，承包地被依法征收，承包方有权请求发包方给付已经收到的地上附着物和青苗的补偿费；承包方已将土地承包经营权以转包、出租等方式流转给第三人的，除当事人另有约定外，青苗补偿费归实际投入人所有，地上附着物补偿费归附着物所有人所有。

101. 城镇居民在农村购买小产权房后遇到征地的，征地补偿款应归谁所有？

小产权房是指在农村集体土地上建设的房屋，未办理相关证件，未缴纳土地出让金等费用，其产权证不是由国家房管部门颁布，而是由乡政府颁布，甚至无产权证。小产权房的出现与城市房价蹿升密不可分，高房价使得部分购房者转而向农村村民购买房屋以解决住房问题。但是，根据《土地管理法》的规定，农村宅基地作为集体所有土地，村民对宅基地只享有使用权，即用于建设满足自身住房保障需求的房屋，所建设的房屋不能向非本集体经济组织成员的第三人转让或出售。但即便这样，购买小产权房的情况仍旧是愈演愈烈。那么，城镇居民在农村购买了小产权房后，如果房屋所处土地被征收的，征地补偿款应当归谁所有呢？

根据《国务院办公厅关于严格执行有关农村集体建设用地法律和政策的通知》中关于“农村住宅用地只能分配给本村村民，城镇居民不得到农村购买宅基地、农民住宅或‘小产权房’”的规定，小产权房只能在农村同一集体经济组织内部成员之间进行流转，城镇居民到农村购买小产权房的行为是不受法律保护的，该买卖行为一般是无效的。因此，一方面，小产权房在法律层面应当仍归属于出卖人，也就是出售小产权房的农村村民所有，征地补偿款应当归小产权房的原所有村民。而对于小产权的买受人，也就是购买小产权房的城镇居民，有权收回自己购买小产权房时支付的房款及相应的利息。另一方面，应全面考虑出卖人因土地升值或拆迁、补偿所获利益，以及买受人因房屋现值和原买卖价格的差异造成损失两方面因素，平衡买卖双方的利益，避免认定合同无效给当事人造成利益失衡。

然而，需要注意的是，如果城镇居民在签订小产权房买卖合同后取得了该集体经济组织户口并经相关部门批准，该房屋买卖合同一般认定为有效，该买受人就有权取得相关的征地补偿款，而出卖小产权房的农村村民就无权取得相应的征地补偿款。

102. 大中型水利水电工程建设征地安置补偿是否有特殊规定？

我国老百姓自古有依水而居的习惯，这导致修建水库、电站、水坝等水利水电工程设施时，会使得居住在附近的居民丧失生产生活设施，不得不迁移进行异地安置。而这些大中型水利水电工程建设，关系到国家水利安全、能源安全，涉及的集体土地征收范围广、征地补偿和移民安置工作量巨大，有别于一般的土地征收。为此，在《土地管理法》等集体土地征收管理法律法规外，国务院特别在 2006 年 7 月 7 日专门制定了《大中型水利水电工程建设征地补偿和移民安置条例》，并经 2013 年 7 月 18 日、12 月 7 日，2017 年 4 月 14 日三次修订。

为促进做好大中型水利水电工程建设征地补偿和移民安置工作，维护被征地村民的合法权益，保障大中型水利水电工程建设的顺利进行，《大中型水利水电工程建设征地补偿和移民安置条例》在《土地管理法》的基础上，重申、强调了大中型水利水电工程建设征地补偿和移民安置必须遵循的一系列原则，具体包括：（1）以人为本，保障移民的合法权益，满足移民生存与发展的需求；（2）顾全大局，服从国家整体安排，兼顾国家、集体、个人利益；（3）节约利用土地，合理规划工程占地，控制移民规模；（4）可持续发展，与资源综合开发利用、生态环境保护相协调；（5）因地制宜，统筹规划。应当注意的是，上述原则既是对组织和领导大中型水利水电工程移民安置工作的县级以上地方人民政府的要求，也是对进行大中型水利水电工程建设的项目方的要求，同样是对被征收人的要求。被征收人应当顾全大局，服从国家整体安排，不能为了个人私利违法阻碍征地工作的有序开展。

103. 大中型水利水电工程建设征地中编制移民安置规划有什么特殊要求？

大中型水利水电工程建设会淹没库区，所涉及区域面积广大，可能是整个村、整个乡，甚至是整个县。在这部分区域生活的居民为了水利水电工程建设的需要不得不移民搬迁。为保障移民安置工作的顺利进行，《大中型水利水电工程建设征地补偿和移民安置条例》特别要求要编制移民安置规划。

顾名思义，移民安置规划就是对被征地居民的移民安置工作的总体安排。具体而言，移民安置规划是指大中型水利水电工程建设征地中对农村移民安置、城（集）镇迁建、工矿企业迁建、专项设施迁建或者复建、防护工程建设、水库水域开发利用、水库移民后期扶持措施、征地补偿和移民安置资金概（估）算等作出的安排。

根据《大中型水利水电工程建设征地补偿和移民安置条例》第 11 条的规定，编制移民安置规划应当以资源环境承载能力为基础，遵循本地安置与异地安置、集中安置与分散安置、政府安置与移民自找门路安置相结合的原则。同时，因我国少数民族众多，《大中型水利水电工程建设征地补偿和移民安置条例》还强调了编制移民安置规划应当尊重少数民族的生产、生活方式和风俗习惯。最后，与一般征地补偿方案一样，移民安置规划还应当与国民经济和社会发展规划以及土地利用总体规划、城市总体规划、村庄和集镇规划相衔接。

就移民安置规划的编制主体而言，《大中型水利水电工程建设征地补偿和移民安置条例》第 10 条根据大中型水利水电工程建设方情况的不同，作出了一个区分：水利水电工程建设项目已经成立项目法人的，由项目法人编制；没有成立项目法人的，则由项目主管部门会同移民区和移民安置区县级以上人民政府编制。

104. 大中型水利水电工程建设征地中移民安置规划如何编制？

首先，移民安置规划应当根据经批准的移民安置规划大纲编制。移民安置规划大纲是指根据大中型水利水电工程占地和淹没区实物调查结果以及移民区、移民安置区经济社会情况和资源环境承载能力编制的，对移民安置的任务、去向、标准和农村移民生产安置方式，以及移民生活水平评价和搬迁后生活水平预测、水库移民后期扶持政策、淹没线以上受影响范围的划定原则、移民安置规划编制原则等内容的原则性安排。它由工程项目法人或者未成立项目法人时由项目主管部门会同移民区和移民安置区县级以上人民政府编制，并按照法定审批权限报省、自治区、直辖市人民政府或者国务院移民管理机构审批。

其次，编制移民安置规划应当广泛听取移民和移民安置区居民的意见。移民安置不仅涉及移民区居民的生产生活的重新安置，对移民安置区原有居民的生产生活也会带来巨大影响。因此，编制移民安置规划不仅要听取被安置居民的意见，还要听取移民安置区原有居民的意见。征求意见可以采取上门口头征集、信箱征集等方式，在涉及公共利益重大、不同意见较多时，应当采取听证的方式征求意见。

最后，移民安置规划经审核批准后方能实施。根据《大中型水利水电工程建设征地补偿和移民安置条例》第 10 条的规定，移民安置规划按照审批权限经省、自治区、直辖市人民政府移民管理机构或者国务院移民管理机构审核后，由项目法人或者项目主管部门报项目审批或者核准部门，与可行性研究报告或者项目申请报告一并审核或者批准。省、自治区、直辖市人民政府移民管理机构或者国务院移民管理机构审核移民安置规划，应当征求本级人民政府有关部门以及移民区和移民安置区县级以上地方人民政府的意见。

105. 大中型水利水电工程建设征地中移民安置形式具体有哪几种？

《大中型水利水电工程建设征地补偿和移民安置条例》总结了实践中移民安置的几种主要形式，在第 11 条中确定了本地安置与异地安置、集中安置与分散安置、政府安置与移民自找门路安置三组相对的移民安置形式。具体到实践中，上述三组移民安置形式一般会组合成以下 4 种形式，移民安置资金也就随之产生了 4 种使用形式：

第一，农村移民在本县通过新开发土地或者调剂土地集中安置。在这种情况下，县级人民政府应当将土地补偿费、安置补助费和集体财产补偿费直接全额兑付给该村集体经济组织或者村民委员会。

第二，农村移民分散安置到本县其他村庄。此时，县级人民政府应当与移民安置村签订协议，按照协议约定向移民安置村兑付土地补偿费、安置补助费等。

第三，农村移民在本省跨县或者跨省安置。这种情况下，大中型水利水电工程项目法人或者移民区地方人民政府应当及时将土地补偿费、安置补助费等安置资金移交给移民安置区的地方人民政府，由移民安置区人民政府统筹安排移民的生产和生活。

第四，移民自愿投靠亲友。这种情况下的移民安置资金处理比较复杂，须由移民本人向移民区县级人民政府提出申请，并提交接收地县级人民政府出具的接收证明；移民区县级人民政府确认移民在接收地具有土地等农业生产资料后，再与接收地县级人民政府、移民共同签署协议，将土地补偿费、安置补助费等交给接收地县级人民政府，由其统筹安排移民的生产和生活。

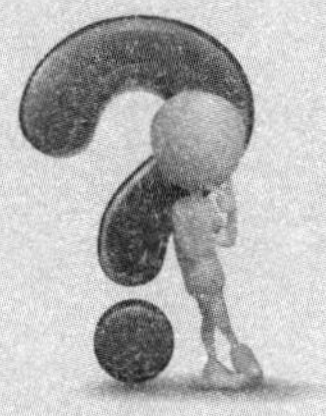

第四章

CHAPTER 4

征地补偿纠纷的处理

106. 土地权属存在争议时应如何处理？

土地权属争议，既包括土地所有权的争议，也包括土地使用权的争议。根据《土地管理法》《土地权属争议调查处理办法》的规定，土地权属争议，首先由当事人协商解决；协商不成的，由相应的人民政府处理。其中，个人之间、个人与单位之间、单位与单位之间发生的争议案件，由争议土地所在地的县级自然资源行政主管部门调查处理；个人之间、个人与单位之间发生的争议案件，也可以根据当事人的申请，由乡级人民政府受理和处理。

根据土地权属争议涉及的地理区域、当事人身份、社会影响的不同，土地权属争议的调查处理主体也有所不同：

首先，设区的市、自治州自然资源行政主管部门调查处理下列争议案件：（1）跨县级行政区域的；（2）同级人民政府、上级自然资源行政主管部门交办或者有关部门转送的。

其次，省、自治区、直辖市自然资源行政主管部门调查处理下列争议案件：（1）跨设区的市、自治州行政区域的；（2）争议一方为中央国家机关或者其直属单位，且涉及土地面积较大的；（3）争议一方为军队，且涉及土地面积较大的；（4）在本行政区域内有较大影响的；（5）同级人民政府、自然资源部交办或者有关部门转送的。

最后，自然资源部调查处理下列争议案件：（1）国务院交办的；（2）在全国范围内有重大影响的。

而对于申请人来说，既可以向县级以上人民政府或者乡级人民政府提出处理申请，也可以直接向有关的自然资源行政主管部门提出调查处理申请。但需要注意的是，下列案件不能作为争议案件由相关自然资源行政主管部门直接进行调查处理：（1）土地侵权案件；（2）行政区域边界争议案件；（3）土地违法案件；（4）农村土地承包经营权争议案件；（5）其他不作为土地权属争议的案件。

107. 土地权属争议调查处理如何进行？

须明确的是，土地权属争议调查依申请发起。土地权属争议的当事人申请调查处理土地权属争议的，应当以书面形式提交申请书，申请书应当载明以下事项：（1）申请人和被申请人的姓名或者名称、地址、邮政编码、法定代表人姓名和职务；（2）请求调查处理的争议事项、事实和理由；（3）证人的姓名、工作单位、住址、邮政编码。

对申请人提出的土地权属争议调查处理的申请，自然资源行政主管部门应当审查申请人与争议的土地是否有直接利害关系，申请是否有明确的请求处理对象、具体的处理请求和事实根据，并在收到申请书之日起 7 个工作日内提出是否受理的意见。自然资源行政主管部门认为应当受理的，在决定受理之日起 5 个工作日内将申请书副本发送给被申请人，被申请人应当在接到申请书副本之日起 30 日内提交答辩书和有关证据材料，逾期不提交答辩书的，不影响案件的处理；认为不应当受理的，应当及时拟定不予受理建议书，报同级人民政府作出不予受理决定。当事人对不予受理决定不服的，可以依法申请行政复议或者提起行政诉讼。

自然资源行政主管部门决定受理后，应当及时指定承办人，对当事人争议的事实情况进行调查。承办人在调查处理土地权属争议过程中，可以向有关单位或者个人调查取证，认为有必要时也可以对争议的土地进行实地调查。通过调查，承办人如果已经查清事实、分清权属关系了，为确保真正做到定分止争，应当先行调解，促使当事人以协商方式达成协议。调解达成协议的，应当制作调解书，调解书经双方当事人签名或者盖章，由承办人署名并加盖自然资源行政主管部门的印章后生效并具有法律效力，可以作为土地登记的依据。调解未达成协议的，自然资源行政主管部门应当及时提出调查处理意见，报同级人民政府作出处理决定。当事人对人民政府作出的处理决定不服的，可以依法申请行政复议或者提起行政诉讼。在规定的时间内，当事人既不申请行政复议也不提起行政诉讼，处理决定即发生法律效力，生效的处理决定可以作为土地登记的依据。

108. 农村土地承包经营存在纠纷的如何处理？

农村土地承包经营权的确定，对于确定集体土地征收时的被征收人及后续征地补偿款的分配十分重要。为保障集体土地征收补偿安置工作的顺利开展，在土地征收前，应尽量推动既有的土地承包经营纠纷的解决。

根据《农村土地承包经营纠纷调解仲裁法》的规定，农村土地承包经营纠纷一般包括如下类型：（1）因订立、履行、变更、解除和终止农村土地承包合同发生的纠纷；（2）因农村土地承包经营权转包、出租、互换、转让、入股等流转发生的纠纷；（3）因收回、调整承包地发生的纠纷；（4）因确认农村土地承包经营权发生的纠纷；（5）因侵害农村土地承包经营权发生的纠纷；（6）法律、法规规定的其他农村土地承包经营纠纷。

存在上述农村土地承包经营纠纷的，当事人可以选择多种争端解决机制来解决纠纷：当事人可以自行和解，也可以请求村民委员会、乡（镇）人民政府等调解；当事人和解、调解不成或者不愿和解、调解的，可以向农村土地承包仲裁委员会申请仲裁，也可以直接向人民法院起诉。

109. 农村土地承包仲裁委员会是什么？

农村土地承包仲裁委员会是在地方人民政府的指导下，为解决农村土地承包经营纠纷的实际需要而专门设立的仲裁组织。农村土地承包仲裁委员会可以在县和不设区的市设立，也可以在设区的市或者其市辖区设立，其日常工作由当地农村土地承包管理部门承担。

在人员结构上，农村土地承包仲裁委员会由当地人民政府及其有关部门代表、有关人民团体代表、农村集体经济组织代表、农民代表和法律、经济等相关专业人员兼任组成。为保证土地承包经营纠纷仲裁的公平、合法，农民代表和法律、经济等相关专业人员不得少于组成人员的二分之一。为发挥仲裁功能，农村土地承包仲裁委员会应当从公道正派的人员中聘任仲裁员，仲裁员应当符合下列条件之一：（1）从事农村土地承包管理工作满5年；（2）从事法律工作或者人民调解工作满5年；（3）在当地威信较高，并熟悉农村土地承包法律以及国家政策。为保障仲裁员能高效、合法地处理仲裁纠纷，农村土地承包仲裁委员会还应当对仲裁员进行农村土地承包法律以及国家政策的培训。

另外，为保障仲裁的顺利进行，农村土地承包仲裁委员会应当依照《农村土地承包经营纠纷调解仲裁法》制定章程，对其组成人员的产生方式及任期、议事规则等作出规定，并严格按照法律法规、仲裁委员会章程及议事规则的规定审理申请仲裁的纠纷。

110. 农村土地承包经营纠纷仲裁如何进行？

农村土地承包经营纠纷申请仲裁的时效期间为二年，自当事人知道或者应当知道其权利被侵害之日起计算。在上述期限内，纠纷当事人可以向农村土地承包仲裁委员会提起仲裁申请，但申请仲裁必须符合下列条件：（1）申请人与纠纷有直接的利害关系；（2）有明确的被申请人；（3）有具体的仲裁请求和事实、理由；（4）属于农村土地承包仲裁委员会的受理范围。仲裁申请一般应书面申请，书面申请确有困难的也可以口头申请，但申请必须明确申请人和被申请人的基本情况，仲裁请求和所根据的事实、理由，并提供相应的证据和证据来源。

农村土地承包仲裁委员会收到仲裁申请后，应当就申请进行审查，认为符合规定的，应当受理。如果存在下列情形之一，则应当不予受理：（1）不符合申请条件；（2）人民法院已受理该纠纷；（3）法律规定该纠纷应当由其他机构处理；（4）对该纠纷已有生效的判决、裁定、仲裁裁决、行政处理决定等。

受理仲裁申请后，农村土地承包仲裁委员会应当依法组成仲裁庭进行审理。仲裁庭一般由3名仲裁员组成，首席仲裁员由当事人共同选定，其他2名仲裁员由当事人各自选定；当事人不能选定的，由农村土地承包仲裁委员会主任指定。事实清楚、权利义务关系明确、争议不大的农村土地承包经营纠纷，经双方当事人同意，可以由一名仲裁员仲裁。仲裁员由当事人共同选定或者由农村土地承包仲裁委员会主任指定。

按规定，农村土地承包经营纠纷仲裁应当开庭进行。开庭可以在纠纷涉及的土地所在地的乡（镇）或者村进行，也可以在农村土地承包仲裁委员会所在地进行。当事人双方要求在乡（镇）或者村开庭的，应当在该乡（镇）或者村开庭。开庭应当公开，但涉及国家秘密、商业秘密和个人隐私以及当事人约定不公开的除外。

在审理过程中，纠纷当事人可以自行和解，也可以放弃或者变更仲裁请求，撤回仲裁申请。在开庭审理中，仲裁庭应当组织当事人发表意见、陈述事实和理由、提供证据、进行质证和辩论。如有必要，仲裁庭也可以自行收集证据，或者组织鉴定。最后，仲裁庭应当根据认定的事实和法律以及国家政策作出裁决并制作裁决书。裁决应当按照多数仲裁员的意见作出，少数仲裁员的不同意见可以记入笔录。仲裁庭不能形成多数意见时，裁决应当按照首席仲裁员的意见作出。当事人不服仲裁裁决的，可以自收到裁决书之日起30日内向人民法院起诉。逾期不起诉的，裁决书即发生法律效力。

111. 征地补偿安置争议协调裁决制度是什么?

征地补偿安置争议协调裁决制度是一项根据《土地管理法》《土地管理法实施条例》的规定，专门针对征地补偿安置争议设立的纠纷解决制度。《土地管理法实施条例》第25条规定，对征地补偿标准有争议的，由县级以上地方人民政府协调；协调不成的，由批准征收土地的人民政府裁决。在具体实施中，协调裁决以被征地的农村集体经济组织、农民与实施征地的市、县人民政府在征地补偿安置方面的争议为范围，以土地管理法律、法规、规章和国家、省级人民政府有关政策为依据，主要是对市、县人民政府确定的征地补偿安置方案和实施过程进行合法性审查，兼顾合理性审查。

作为一项专门性纠纷解决制度，征地补偿安置争议协调裁决制度主要有以下3项作用:

（1）构建社会主义和谐社会的客观需要。全面推行征地补偿安置争议协调裁决制度，是建立和完善有效的群众利益诉求机制和权益保障机制的重要手段，对引导被征地的农村集体经济组织和农民通过法定渠道化解征地矛盾，解决征地纠纷，切实维护社会稳定具有重要意义。

（2）实施土地管理法规、完善征地程序的客观需要。征地补偿安置争议协调裁决制度，是《土地管理法实施条例》为解决征地补偿安置争议确立的专门制度。随着农民对征地补偿的日益关注和补偿标准的不断提高，在实施征地中发生的矛盾、纠纷和冲突不断增加，迫切需要启动征地补偿安置争议协调裁决程序，来解决矛盾，化解纠纷，这对保证土地管理法规的顺利实施、完善征地程序、切实强化国土资源管理部门在实施征地中的社会管理和公共服务职能具有重要意义。

（3）化解征地实施中矛盾和纠纷的有效途径。在市、县人民政府实施征地过程中，一旦发生纠纷，迫切需要上级政府进行协调和裁决，尽快解决矛盾，避免旷日持久的诉讼、上访，甚至激化矛盾，形成群体事件。

为保证征地补偿安置争议协调裁决制度上述功能的发挥，在具体实践中，协调裁决必须坚持政府主导、公众参与、重在协调的原则，做到：（1）准确定位，聚焦被征地农民与实施征地的市、县人民政府在补偿安置方面的争议；（2）兼顾合法性与合理性审查，保证被征地农民原有生活水平不降低、长远生计有保障；（3）规范协调和裁决的程序，贯彻协调前置、重在协调的原则，体现便民、高效和公开的原则；（4）建立灵活多样的协调裁决机制，组织相关社会团体、法律援助机构、相关专业人员、社会志愿者等共同参与，综合运用咨询、教育、协商、调解、听证等方法，依法、及时处理征地补偿安置争议；（5）依法告知当事人诉权，当事人对裁决机关作出的裁决决定不服的，可以在法定期限内申请行政复议或者提起行政诉讼。

112. 被征地的农村集体经济组织和农民应如何申请征地补偿安置争议协调？

原国土资源部曾在2006年发布《关于加快推进征地补偿安置争议协调裁决制度的通知》（现已失效），要求各省加快建设征地补偿安置争议协调裁决制度。依照上述通知，多地开始探索建立征地补偿安置争议协调裁决制度。

结合各地征地补偿安置争议协调裁决制度，征地补偿安置争议协调裁决的范围主要有：（1）对市、县人民政府批准的征地补偿安置方案有异议的；（2）对适用征地补偿安置方案涉及的对被征土地地类、人均耕地面积认定有异议的；（3）对区片综合地价的适用标准和计算有异议的。当存在上述情形时，被征地的农村集体经济组织和农民应当首先向拟定征地补偿安置方案的市、县人民政府的上一级人民政府申请协调。

为了更加明确协调裁决的范围，部分地方在制定具体协调裁决办法时，还规定了不予协调裁决的范围，如《重庆市征地补偿安置争议协调裁决办法》就规定了下列情形不属于协调裁决范围:（1）按照实施征地时的政策规定标准，申请人已与征地实施机构签订了征地补偿安置协议或领取了补偿安置费用的;（2）申请人对征地补偿安置费的使用、分配及支付方式有异议申请协调、裁决的;（3）申请人对征地批复文件、征地目的、征地程序、征地合法性等不属于征地补偿安置标准争议的事项申请协调、裁决的;（4）其他不属于协调、裁决范围的情形。

需要注意的是，并非所有被征地的农村集体经济组织和农民都能就上述范围内的征地补偿安置争议提起协调申请。基于争议事项的不同，可提起协调申请的主体也有所不同，如根据《重庆市征地补偿安置争议协调裁决办法》第 7 条的规定，对土地补偿费标准和人均耕地面积、安置农业人口数的认定有争议的，由被征地的农村集体经济组织申请协调和裁决；对安置补助费、住房安置标准有争议的，由被安置人员申请协调和裁决；对安置对象的认定有争议的，由异议人申请协调和裁决；对房屋、青苗和地上附着物补偿标准有争议的，由其所有权人申请协调和裁决；被征地农户涉及多个申请人和多个申请事项的，应当以户为单位一次性提出协调、裁决申请。

被征地的农村集体经济组织和农民对征地补偿安置有异议的，应当在法定期限内，以申请书的形式向拟定征地补偿安置方案的市、县人民政府的上一级人民政府申请协调。协调申请材料可以采取当面递交或者邮寄等方式递交上一级人民政府指定的协调工作机构。协调申请材料一般包括协调申请书、申请人身份证明、与征地补偿安置争议有关的权属证明和有关证据材料及其他法律、法规规定应当提供的其他资料。

需要注意的是，上述关于被征地的农村集体经济组织和农民如何申请征地补偿安置争议协调的说明是结合各地方办法中共性内容的提炼。在具体征地补偿安置工作中，被征地的农村集体经济组织和农民应依据自身所在地的相关规定，依法申请征地补偿安置争议协调。

113. 征收土地的上一级人民政府如何对征地补偿安置争议进行协调？

拟定征地补偿安置方案的市、县人民政府的上一级人民政府协调工作机构在收到被征地农村集体经济组织和农民的协调申请后，应严格按照法定程序进行处理。

第一，协调申请的受理。上一级人民政府协调工作机构在收到协调申请后，应当在法定期限内对申请进行审查，对符合申请条件的，决定予以受理，并书面告知申请人；对不符合申请条件的，决定不予受理，并书面告知申请人。一般来说，在受理阶段要审查提起协调申请的主体身份是否适格，以及提请协调申请的争议是否在受理范围内，除此之外，还会对其他一些事项予以审查。如根据《江苏省征地补偿安置争议协调裁决办法》第8条的规定，存在下列情形之一的，协调申请将不予受理：（1）申请人与征地补偿安置无利害关系的；（2）超过本办法规定的期限提出申请的；（3）经市、县人民政府协调已经达成协议，申请人又以同样理由申请裁决的；（4）裁决机关已经下达准予撤回裁决申请或者裁决决定，申请人又以同样理由申请裁决的；（5）申请人就同一争议提起行政复议或者行政诉讼已经受理的。

第二，组织协调。上一级人民政府协调工作机构在受理协调申请后，应当在法定期限内组织申请人、被申请人（一般为组织实施征地补偿安置方案的市、县人民政府自然资源主管行政部门）及其他有关单位进行协调，协调应当当面进行。协调过程中，申请人与被申请人应当充分陈述己方认定的事实、理由和依据，并在上一级人民政府协调工作机构的主持下，就争议的主要焦点展开充分协调。若申请人无正当理由拒不参加协调或未经许可中途退场，一般按照协调不成处理。

第三，协调结果。协调完成后，上一级人民政府协调工作机构应当作出协调意见书，载明以下事项：（1）协调时间、地点、参加人员等基本情况；（2）申请协调的具体事项；（3）申请人和被申请人陈述的事实、理由和依据；（4）协调机关查明的事实、理由和依据；（5）争议的主要焦点及协调结果；（6）未达成一致意见的，申请人申请裁决的途径和时限。协调意见书应当加盖人民政府印章，并送达申请人和被申请人。如协调达成一致意见，协调意见书经双方当事人签字同意后，即发生法律效力。

114. 征地补偿安置争议如何进行裁决？

根据《土地管理法实施条例》第25条的规定，对征地补偿安置争议协调不成的，由批准征收土地的人民政府裁决。征地补偿安置争议的裁决，由征地补偿安置争议协调的申请人发起：当征地补偿安置争议经协调未达成一致意见时，申请人可以自收到协调意见书之日起的法定期限内向批准征收土地的人民政府申请裁决。但是，如果协调达成一致意见，协调意见书经双方当事人签字同意后即发生法律效力，申请人不得再提起裁决申请。

裁决申请应当以书面方式提起，并提交如下资料：（1）征地补偿安置争议裁决申请书；（2）申请人身份证明；（3）拟定征地补偿安置方案的市、县人民政府的上一级人民政府出具的协调意见书；（4）与征地补偿安置争议有关的权属证明和证据材料；（5）法律、法规规定应当提供的其他材料。需要注意的是，申请裁决的具体请求事项一般应当与申请协调的具体请求事项一致。

批准征收土地的人民政府的裁决工作机构，应当在法定期限内对裁决申请作出审查，不符合受理条件的，作出不予受理决定，并书面告知申请人；符合受理条件的，应当作出受理决定，并书面告知申请人。征地补偿安置争议裁决原则上采取书面审查的形式，但裁决工作机构认为有必要时，可以进行实地调查，也可以组织再次协调。裁决工作机构有权要求被申请人提交与征地补偿安置争议有关的证据、依据和其他有关材料，被申请人应当配合。

裁决工作机构经审理后，根据不同情况，一般会分别作出如下裁决决定：（1）被申请人对申请人的征地补偿安置适用依据正确、事实清楚、标准适当的，对申请人提出的裁决申请事项不予支持；（2）被申请人对申请人的征地补偿安置适用依据错误、事实不清、标准不当，对申请人提出的符合政策规定的裁决申请事项予以支持，并责令被申请人在规定期限内依法重新确定补偿安置标准；（3）被申请人对申请人适用的征地补偿安置标准适当，但存在适用依据错误、事实不清的，经裁决工作机构查明事实，更正适用依据，对申请人提出的裁决申请事项不予支持。裁决工作机构作出裁决决定，应当制作征地补偿安置争议裁决书，加盖市人民政府印章后，送达申请人和被申请人。裁决书送达后，即发生法律效力。

115. 被征收人能否就征地补偿安置争议提起行政复议？

征地补偿安置争议协调裁决制度的实施，在各地实践中有效化解了因征地补偿安置引发的矛盾和纠纷，在维护被征收人合法权益和维持土地征收工作秩序方面发挥出了巨大的作用。但是，这并不意味着协调裁决制度是解决征地补偿安置争议的唯一途径。在行政体系内，被征收人仍可以通过行政复议的途径寻求救济。

根据《行政复议法》第6条的规定，公民、法人或者其他组织认为存在下列情形之一的，可以依照本法申请行政复议："（一）对行政机关作出的警告、罚款、没收违法所得、没收非法财物、责令停产停业、暂扣或者吊销许可证、暂扣或者吊销执照、行政拘留等行政处罚决定不服的；（二）对行政机关作出的限制人身自由或者查封、扣押、冻结财产等行政强制措施决定不服的；（三）对行政机关作出的有关许可证、执照、资质证、资格证等证书变更、中止、撤销的决定不服的；（四）对行政机关作出的关于确认土地、矿藏、水流、森林、山岭、草原、荒地、滩涂、海域等自然资源的所有权或者使用权的决定不服的；（五）认为行政机关侵犯合法的经营自主权的；（六）认为行政机关变更或者废止农业承包合同，侵犯其合法权益的……（十一）认为行政机关的其他具体行政行为侵犯其合法权益的。”又根据《农村土地承包经营纠纷调解仲裁法》第2条的规定，因征收集体所有的土地及其补偿发生的纠纷，不属于农村土地承包仲裁委员会的受理范围，可以通过行政复议或者诉讼等方式解决。依照上述规定，被征地集体经济组织和农民对有关市、县级人民政府批准的征地补偿、安置方案不服要求裁决的，应当依照行政复议法律、法规的规定向上一级地方人民政府提出申请。

116. 被征收人应当如何提起行政复议？

根据《行政复议法》《土地管理法》等的相关规定，被征收人认为市、县级人民政府作出的土地征收决定或土地征收补偿安置决定侵犯了他们的合法权益的，可以自知道决定之日起60日内提起行政复议申请。因不可抗力或者其他正当理由耽误法定申请期限的，申请期限自障碍消除之日起继续计算。有权申请行政复议的公民死亡的，他们的近亲属可以申请行政复议；有权申请行政复议的公民为无民事行为能力人或者限制民事行为能力人的，他们的法定代理人可以代为申请行政复议；有权申请行政复议的法人或者其他组织终止的，承受其权利的法人或者其他组织可以申请行政复议。作出具体征收决定或补偿决定的市、县级人民政府是被申请人。作出具体征收决定或补偿决定的市、县级人民政府的上一级地方人民政府是行政复议机关。

被征收人申请行政复议，可以书面申请，也可以口头申请；口头申请的，行政复议机关应当当场记录申请人的基本情况、行政复议请求、申请行政复议的主要事实、理由和时间。应当注意的是，被征收人已经申请了行政复议，行政复议机关已经依法受理了的，在法定复议期限内就不能再向人民法院提起行政诉讼。

行政复议机关收到行政复议申请后，应当在5日内进行审查，对不符合《行政复议法》规定的行政复议申请，应当决定不予受理，并书面告知申请人；对符合《行政复议法》规定，但是不属于本机关受理的行政复议申请，应当告知申请人向有关行政复议机关提出。除此以外，行政复议申请自行政复议机关负责法制工作的机构（土地征收补偿中一般为作出决定的市、县级人民政府司法局或行政复议局）收到之日起即为受理。行政复议受理并不代表征收决定或补偿决定停止执行，除非被申请人、行政复议机关认为需要停止执行，或者申请人申请停止执行且经行政复议机关认定需要停止执行的，否则相关决定仍将继续执行。

行政复议机关审查征收决定或补偿决定后，应当按照下列规定作出行政复议决定。第一，征收决定或补偿决定认定事实清楚，证据确凿，适用依据正确，程序合法，内容适当的，应当决定维持。第二，征收决定或补偿决定有下列情形之一的，应当决定撤销、变更或者确认该具体行政行为违法；决定撤销或者确认该具体行政行为违法的，可以责令被申请人在一定期限内重新作出具体行政行为：（1）主要事实不清、证据不足的；（2）适用依据错误的；（3）违反法定程序的；（4）超越或者滥用职权的；（5）征收决定或补偿决定明显不当的。第三，被申请人不按照《行政复议法》的规定提出书面答复，提交当初作出具体行政行为的证据、依据和其他有关材料的，视为征收决定或补偿决定没有证据、依据，应当决定撤销该具体行政行为。

行政复议机关应当自受理申请之日起60日内作出行政复议决定，并制作行政复议决定书送达申请人与被申请人。被征收人对复议决定不服的，可以依法向人民法院提起行政诉讼。被申请人不履行或者无正当理由拖延履行行政复议决定的，行政复议机关或者有关上级行政机关应当责令其限期履行。

117. 被征收人对土地征收及补偿决定不服的，能否提起行政诉讼？

行政诉权是法律赋予行政行为的相对人维护自身合法权益的有效武器。只要公民、法人或者其他组织认为行政机关作出的行政行为，或者依法应作出某项行政行为但实际并未履行职责，因而侵害到了自身的人身权、财产权等合法权益的，均有权通过行政诉讼的途径进行维权。

为明确公民、法人或者其他组织可以提起行政诉讼的事项，或者人民法院受理的案件范围，《行政诉讼法》通过不完全列举的方式进行了释明。根据《行政诉讼法》第12条的规定，公民、法人或者其他组织可对11类具体事项向人民法院提起行政诉讼，这其中就包括了“对征收、征用决定及其补偿决定不服的”及“认为行政机关不依法履行、未按照约定履行或者违法变更、解除政府特许经营协议、土地房屋征收补偿协议等协议的”。

因此，被征收土地的集体经济组织和农民如果不服市、县人民政府作出的集体土地征收决定及其补偿安置决定，或者认为市、县人民政府不依法履行、未按照约定履行或者违法变更、解除土地征收补偿安置协议的，可以依法向人民法院提起行政诉讼。

118. 村民因土地补偿费分配问题与集体经济组织发生纠纷的，能否提起行政复议或者行政诉讼？

根据《土地管理法》《土地管理法实施条例》《最高人民法院关于审理涉及农村土地承包纠纷案件适用法律问题的解释》的相关规定，土地补偿费归被征收土地的农村集体经济组织所有，除非地方性规范依法另有规定的，农村集体经济组织或者村民委员会、村民小组可以依照法律规定的民主议定程序，决定在本集体经济组织内部分配已经收到的土地补偿费；征地补偿安置方案确定时已经具有本集体经济组织成员资格的人，有权请求支付相应份额。同时，被征地的农村集体经济组织应当将土地补偿费的收支状况向本集体经济组织的成员公布，接受监督。那么，当集体经济组织成员认为集体经济组织对土地补偿费的分配存在问题时，能否申请行政复议或者直接提起行政诉讼呢？

回答上述问题的关键在于确定集体经济组织是否具有行政主体身份。根据《行政复议法》第 2 条的规定，公民、法人或者其他组织认为行政机关和行政机关工作人员的具体行政行为侵犯其合法权益的，有权申请行政复议；根据《行政诉讼法》第 2 条的规定，公民、法人或者其他组织认为行政机关和行政机关工作人员的行政行为侵犯其合法权益，有权依照本法向人民法院提起诉讼。农村集体经济组织作为由农民自愿联合，将其各自所有的生产资料（土地、较大型农具、耕畜）投入集体所有，由集体组织农业生产经营，农民进行集体劳动，各尽所能，按劳分配的农业社会主义经济组织，其本质并非行政机关，而是农村结社而成的经济组织，与农民间是平等的民事主体。

根据《最高人民法院研究室关于人民法院对农村集体经济所

得收益分配纠纷是否受理问题的答复》《最高人民法院研究室关于村民因土地补偿费、安置补助费问题与村民委员会发生纠纷人民法院应否受理问题的答复》，农村集体经济组织与其成员之间因土地补偿费分配产生的纠纷，属于平等民事主体之间的纠纷。因此，在这种情况下，村民并不能申请行政复议或者提起行政诉讼来解决纠纷，但可以通过民事诉讼的方式寻求权利救济。

119. 被征收人应当如何提起行政诉讼?

根据《行政诉讼法》《土地管理法》以及《最高人民法院关于审理涉及农村集体土地行政案件若干问题的规定》等的相关规定，被征收人认为市、县级人民政府作出的土地征收决定或土地征收补偿安置决定侵犯了他们的合法权益的，可以向行政复议机关提起行政复议，不服行政复议决定的，15 日内向人民法院提起诉讼，也可以直接向人民法院提起行政诉讼。同时，市、县级人民政府不依法履行、未按照约定履行或者违法变更、解除土地征收补偿安置协议的，被征收人也可以直接提起行政诉讼。被征收人已经向人民法院提起行政诉讼，人民法院依法受理了的，不得申请行政复议。

在土地征收过程中，以下人员或组织可以提起行政诉讼：（1）村民委员会或者农村集体经济组织；（2）村民委员会或者农村集体经济组织对涉及农村集体土地的行政行为不起诉的，过半数的村民可以集体经济组织名义提起诉讼；（3）农村集体经济组织成员全部转为城镇居民后，对涉及农村集体土地的行政行为不服的，过半数的原集体经济组织成员可以提起诉讼；（4）土地使用权人或者实际使用人对行政机关作出涉及其使用或实际使用的集体土地的行政行为不服的，可以自己的名义提起诉讼。有权提起诉讼的公民死亡，其近亲属可以提起诉讼。

被征收人提起行政诉讼，一般以相应的市、县级人民政府为被告。法律、法规规定应当先申请行政复议的土地行政案件，复议机关作出不受理复议申请的决定或者以不符合受理条件为由驳回复议申请，复议申请人不服的，应当以复议机关为被告向人民法院提起诉讼。复议机关决定维持原行政行为的，作出原行政行为的市、县级人民政府和复议机关是共同被告；复议机关改变原行政决定的，复议机关是被告。复议机关在法定期限内未作出复议决定，公民、法人或者其他组织起诉原行政行为的，作出原行政行为的市、县级人民政府是被告；起诉复议机关不作为的，复议机关是被告。

起诉应当向人民法院递交起诉状，并按照被告人数提出副本；书写起诉状确有困难的，可以口头起诉，由人民法院记入笔录，出具注明日期的书面凭证，并告知对方当事人。人民法院认定符合起诉条件的，应当登记立案；不符合起诉条件的，则应作出不予立案的裁定。立案后，除非涉及国家秘密、个人隐私和法律另有规定的，人民法院应当公开审理。在诉讼期间，同样的，原行政行为一般不停止执行，除非被告认为需要停止执行，或者原告或者利害关系人申请停止执行并获得法院认可，或者人民法院认为继续执行会给国家利益、社会公共利益造成重大损害，或者法律、法规规定停止执行的。

人民法院依法审理后，应当根据以下规定作出判决：

第一，行政行为证据确凿，适用法律、法规正确，符合法定程序的，或者原告申请被告履行法定职责或者给付义务理由不成立的，人民法院应当判决驳回原告的诉讼请求。

第二，行政行为有下列情形之一的，人民法院应当判决撤销或者部分撤销，并可以判决被告重新作出行政行为：（1）主要证据不足的；（2）适用法律、法规错误的；（3）违反法定程序的；（4）超越职权的；（5）滥用职权的；（6）明显不当的。

第三，人民法院经过审理，查明被告不履行法定职责的，应当判决被告在一定期限内履行。

第四，人民法院经过审理，查明被告依法负有给付义务的，如应予以补偿而未补偿的，应当判决被告履行给付义务。

第五，行政行为有下列情形之一的，人民法院应当判决确认违法，但不撤销行政行为：（1）行政行为依法应当撤销，但撤销会给国家利益、社会公共利益造成重大损害的；（2）行政行为程序轻微违法，但对原告权利不产生实际影响的。行政行为有下列情形之一，不需要撤销或者判决履行的，人民法院应当判决确认违法：（1）行政行为违法，但不具有可撤销内容的；（2）被告改变原违法行政行为，原告仍要求确认原行政行为违法的；（3）被告不履行或者拖延履行法定职责，判决履行没有意义的。

第六，行政行为有实施主体但不具有行政主体资格或者没有依据等重大且明显违法情形，原告申请确认行政行为无效的，人民法院应当判决确认无效。人民法院判决确认违法或者无效的，可以同时判决责令被告采取补救措施；给原告造成损失的，应当依法判决被告承担赔偿责任。

第七，被告不依法履行、未按照约定履行或者违法变更、解除土地征收补偿安置协议的，人民法院应当判决被告承担继续履行、采取补救措施或者赔偿损失等责任。被告变更、解除土地征收补偿安置协议合法，但未依法给予补偿的，人民法院应当判决给予补偿。

原告或者被告不服人民法院判决的，有权在判决书送达之日起 15 日内向上一级人民法院提起上诉。当事人不服人民法院第一审裁定的，有权在裁定书送达之日起 10 日内向上一级人民法院提起上诉。逾期不提起上诉的，人民法院的判决或者裁定发生法律效力。第二审程序、审判监督程序及执行等根据《行政诉讼法》规定进行。

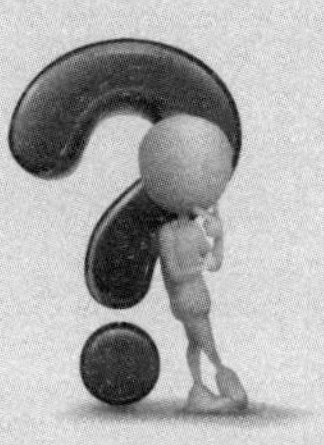

第五章

CHAPTER 5

相关法律责任

120. 以暴力、威胁等方式阻碍正常土地征收工作的，应当承担什么责任？

在实践过程中，存在着被征收人因认为自身的补偿诉求未得到充分满足而拒绝与土地征收部门签署土地征收补偿安置协议，又不服后续相关人民政府作出的裁决，而采取暴力、威胁等方式阻碍土地征收部门及具体实施单位的正常土地征收工作的情况。对此，《土地管理法实施条例》是明令禁止的。

根据《土地管理法实施条例》第37条的规定，阻碍土地行政主管部门的工作人员依法执行职务的，依法给予治安管理处罚或者追究刑事责任。土地征收部门依法进行的土地征收行为，是其依法执行职务的行为，被征收人以暴力、威胁等违法方式阻碍房屋征收工作的，可以依照《治安管理处罚法》予以处罚。根据《治安管理处罚法》第50条的规定，被征收人使用暴力、威胁等方式阻碍国家机关工作人员依法执行职务的，处警告或者200元以下罚款；情节严重的，处5日以上10日以下拘留，并且可以处500元以下的罚款。同时，根据《刑法》第277条关于妨害公务罪的规定，以暴力、威胁方法阻碍国家机关工作人员依法执行职务的，可以处3年以下有期徒刑、拘役、管制或者罚金。

应当注意的是，尽管对被征收人采取暴力、威胁等方式阻碍依法进行的土地征收补偿安置工作的行为应当予以处罚，但征收部门仍然应当依照《土地管理法》等的规定支付土地征收补偿安置费用，不能因此不支付、少支付或者拖延支付。

121. 对地方政府或村集体等非法转让土地的行为应当如何处理？

为维护土地管理秩序，保障各类土地得到科学合理的使用，我国严格禁止买卖或者以其他形式非法转让土地。任何组织或者个人买卖或者以其他形式非法转让土地的，都需要承担行政法律责任甚至是刑事法律责任。

在行政法律责任方面，根据《土地管理法》第74条的规定，买卖或者以其他形式非法转让土地的，由县级以上人民政府自然资源主管部门没收违法所得。对违反土地利用总体规划擅自将农用地改为建设用地的，限期拆除在非法转让的土地上新建的建筑物和其他设施，恢复土地原状，对符合土地利用总体规划的，没收在非法转让的土地上新建的建筑物和其他设施。同时，对于非法转让土地的组织或者个人，可以并处罚款。而依职权应当监管土地转让的行政机关工作人员玩忽职守、徇私舞弊或者滥用职权的，对直接负责的主管人员和其他直接责任人员，依法应当根据《土地管理法》《违反土地管理规定行为处分办法》《中国共产党纪律处分条例》等给予处分。

在刑事法律责任方面，根据《刑法》第228条的规定，以牟利为目的，违反土地管理法规，非法转让、倒卖土地使用权，情节严重的，处3年以下有期徒刑或者拘役，并处或者单处非法转让、倒卖土地使用权价额5%以上20%以下罚金；情节特别严重的，处3年以上7年以下有期徒刑，并处非法转让、倒卖土地使用权价额5%以上20%以下罚金。而根据《最高人民法院关于审理破坏土地资源刑事案件具体应用法律若干问题的解释》第1条的规定，“情节严重”是指：（1）非法转让、倒卖基本农田5亩以上的；（2）非法转让、倒卖基本农田以外的耕地10亩以上的；（3）非法转让、倒卖其他土地20亩以上的；（4）非法获利50万元以上的；（5）非法转让、倒卖土地接近上述数量标准并具有其他恶劣情节的，如曾因非法转让、倒卖土地使用权受过行政处罚或者造成严重后果等。根据第2条的规定，“情节特别严重”则是指：（1）非法转让、倒卖基本农田10亩以上的；（2）非法转让、倒卖基本农田以外的耕地20亩以上的；（3）非法转让、倒卖其他土地40亩以上的；（4）非法获利100万元以上的；（5）非法转让、倒卖土地接近上述数量标准并具有其他恶劣情节，如造成严重后果等。

122. 对非法占用土地的行为应当如何处理?

根据《土地管理法》的规定,非法占用土地的行为主要有5种表现形式,分别为:(1)未经批准,擅自占用土地的行为;(2)采用各种欺骗手段骗取批准而非法占用土地的行为;(3)超过批准的数量多占土地的行为;(4)非法批准、使用土地并拒不归还的行为;(5)在土地利用总体规划确定的禁止开垦区进行开垦的行为。对于上述行为,根据《土地管理法》第77条的规定,行为人及相关行政机关工作人员都可能受到行政处罚或刑事处罚。

在行政责任方面,未经批准或者采取欺骗手段骗取批准,非法占用土地的,由县级以上人民政府自然资源主管部门责令退还非法占用的土地,对违反土地利用总体规划擅自将农用地改为建设用地的,限期拆除在非法占用的土地上新建的建筑物和其他设施,恢复土地原状,对符合土地利用总体规划的,没收在非法占用的土地上新建的建筑物和其他设施,可以并处行为人罚款。超过批准的数量占用土地,多占的土地以非法占用土地论处。而依职权应当监管土地转让的行政机关工作人员玩忽职守、徇私舞弊或者滥用职权的,对直接负责的主管人员和其他直接责任人员,依法应当根据《土地管理法》《违反土地管理规定行为处分办法》《中国共产党纪律处分条例》等给予处分。

在刑事责任方面，根据《刑法》第342条的规定，违反土地管理法规，非法占用耕地、林地等农用地，改变被占用土地用途，数量较大，造成耕地、林地等农用地大量毁坏的，处5年以下有期徒刑或者拘役，并处或者单处罚金。同时，根据《最高人民法院关于审理破坏土地资源刑事案件具体应用法律若干问题的解释》第3条的规定，非法占用耕地"数量较大"，是指非法占用基本农田5亩以上或者非法占用基本农田以外的耕地10亩以上；非法占用耕地"造成耕地大量毁坏"，是指行为人非法占用耕地建窑、建坟、建房、挖沙、采石、采矿、取土、堆放固体废弃物或者进行其他非农业建设，造成基本农田5亩以上或者永久基本农田以外的耕地10亩以上种植条件严重毁坏或者严重污染。

123. 对非法批地的行为应当如何处理？

根据违法事项的不同，非法批地行为的表现形式主要有以下4种：（1）无权批准，即不具有批准征收、使用土地权力的单位或者个人非法批准占用土地。这里的单位或者个人可以是行政机关及其工作人员，也可能是其他单位或者个人，如村集体经济组织或村干部；（2）越权批准，即超越批准权限非法批准占用土地，主体只能是具有批准权限的行政机关及其工作人员，超越权限如省级人民政府批准应当由国务院批准的征地事项；（3）不按照土地利用总体规划确定的用途批准用地，违法将农用地转为建设用地使用；（4）违反法律规定的程序批准征收、占用土地。

对于非法批地的行为，一方面，批准行为无效，相关的批准文件无效，非法批准、使用的土地应当收回，有关当事人拒不归还土地的，以非法占用土地论处；另一方面，非法批准征收、使用土地，对原土地所有权人、使用权人等造成损失的，非法批地的单位或者个人应当承担赔偿责任。

与此同时，非法批准征收、使用土地的直接负责的主管人员和其他直接责任人员，依法应当承担行政责任与刑事责任。行政责任，是指应当根据《土地管理法》《违反土地管理规定行为处分办法》等给予直接负责的主管人员和其他直接责任人员处分。刑事责任方面，根据《刑法》第410条的规定，国家机关工作人员徇私舞弊，违反土地管理法规，滥用职权，非法批准征收、征用、占用土地，情节严重的，处3年以下有期徒刑或者拘役；使国家或者集体利益遭受特别重大损失的，处3年以上7年以下有期徒刑。上述“情节严重”是指：（1）非法批准征用、占用基本农田10亩以上的；（2）非法批准征用、占用基本农田以外的耕地30亩以上的；（3）非法批准征用、占用其他土地50亩以上的；（4）虽未达到上述数量标准，但非法批准征用、占用土地造成直接经济损失 30 万元以上；造成耕地大量毁坏等恶劣情节的。“致使国家或者集体利益遭受特别重大损失”是指：（1）非法批准征用、占用基本农田 20 亩以上的；（2）非法批准征用、占用基本农田以外的耕地 60 亩以上的；（3）非法批准征用、占用其他土地 100 亩以上的；（4）非法批准征用、占用土地，造成基本农田 5 亩以上，其他耕地 10 亩以上严重毁坏的；（5）非法批准征用、占用土地造成直接经济损失 50 万元以上等恶劣情节的。

124. 对地方政府或乡（镇）村干部非法侵占、挪用征地补偿费的行为应当如何处理？

非法侵占、挪用征地补偿费是指单位或个人，主要是上级人民政府及其相关部门和部分乡（镇）村干部，将属于农民集体所有的土地补偿费、安置补偿费以及对农村村民的住宅补偿费、其他地上附着物和青苗补偿费据为己有或挪作他用，谋取私利的行为。根据《土地管理法》第 80 条的规定，侵占、挪用被征收单位的征地补偿费用和其他有关费用，构成犯罪的，依法追究刑事责任；尚不构成犯罪的，依法给予处分。

根据上述规定，侵占、挪用被征收单位的征地补偿费用和其他有关费用，尚不构成犯罪的，依法给予处分。若侵占、挪用被征收单位征地补偿费用和其他有关费用的是国家行政机关及（或）其工作人员的，应当予以政务处分。根据《监察法》《公职人员政务处分法》的规定，政务处分包括警告、记过、记大过、降级、撤职、开除。根据《违反土地管理规定行为处分办法》的规定，行政机关侵占、截留、挪用被征收土地单位的征地补偿费用和其他有关费用的，对有关责任人员，给予记大过处分；情节较重的，给予降级或者撤职处分；情节严重的，给予开除处分。但是，对于主动退还违法违纪所得或者侵占、挪用的征地补偿安置费等有关费用的，应当从轻处分；主动交代并主动采取措施有效避免或者挽回损失的，应当减轻处分。如果侵占、挪用被征收单位征地补偿费用和其他有关费用的是党组织、党员的，则依照规定应当给予组织处理或者纪律处分。根据《中国共产党纪律处分条例》的规定，纪律处分主要包括警告、严重警告、撤销党内职务、留党察看和开除党籍。对侵占、挪用被征收单位征地补偿费用和其他有关费用的党组织、党员的纪律处分，根据中国共产党纪律检查机关的纪检结果，依照《中国共产党纪律处分条例》确定。

刑事责任方面，侵占、挪用被征收单位的征地补偿费用和其他有关费用的，可能构成贪污罪、挪用公款罪、侵占罪以及挪用公司、企业或者其他单位资金罪，分别依照我国《刑法》第271条、第272条、第382条和第384条处理。

125. 村干部侵占征地补偿费能否构成贪污罪？

根据《刑法》第 382 条的规定，贪污罪是指国家工作人员利用职务上的便利，侵吞、窃取、骗取或者以其他手段非法占有公共财物。同时，受国家机关、国有公司、企业、事业单位、人民团体委托管理、经营国有财产的人员，利用职务上的便利，侵吞、窃取、骗取或者以其他手段非法占有国有财物的，也会被认定为贪污罪。那么，村干部侵占征地补偿费的，能否构成贪污罪呢？回答这个问题的关键在于村干部能否被认定为国家工作人员。

根据《刑法》第 93 条的规定，我国刑法中的国家工作人员可以分为以下 4 种人员：（1）国家机关工作人员，指各级国家权力机关、行政机关、审判机关、检察机关和军事机关中从事公务的人员；（2）国有公司、企业、事业单位、人民团体中从事公务的人员；（3）国家机关、国有公司、企业、事业单位委派到非国有公司、企业、事业单位、社会团体从事公务的人员；（4）其他依照法律从事公务的人员。又根据《全国人民代表大会常务委员会关于〈中华人民共和国刑法〉第九十三条第二款的解释》，村民委员会等村基层组织人员协助人民政府从事下列行政管理工作，属于《刑法》第 93 条第 2 款规定的“其他依照法律从事公务的人员”：（1）救灾、抢险、防汛、优抚、扶贫、移民、救济款物的管理；（2）社会捐助公益事业款物的管理；（3）国有土地的经营和管理；（4）土地征收、征用补偿费用的管理；（5）代征、代缴税款；（6）有关计划生育、户籍、征兵工作；（7）协助人民政府从事的其他行政管理工作。因此，在从事土地征收补偿费用的管理工作时，村干部也属于国家工作人员，他们侵占征地补偿费的，能够构成贪污罪。

根据《刑法》第383条的规定，村干部的行为被认定为贪污罪的，根据犯罪情节的轻重，将按照下列规定进行相应的刑事处罚：（1）贪污数额较大或者有其他较重情节的，处3年以下有期徒刑或者拘役，并处罚金；（2）贪污数额巨大或者有其他严重情节的，处3年以上10年以下有期徒刑，并处罚金或者没收财产；（3）贪污数额特别巨大或者有其他特别严重情节的，处10年以上有期徒刑或者无期徒刑，并处罚金或者没收财产；数额特别巨大，并使国家和人民利益遭受特别重大损失的，处无期徒刑或者死刑，并处没收财产。同时，对多次贪污未经处理的，按照累计贪污数额处罚。

但是，犯贪污罪的人员在提起公诉前如实供述自己罪行、真诚悔罪、积极退赃，避免、减少损害结果的发生，有上述第一种情形的，可以从轻、减轻或者免除处罚；有上述第二、第三种情形的，可以从轻处罚。犯贪污罪被判处死刑缓期执行的，人民法院根据犯罪情节等情况可以同时决定在其死刑缓期执行2年期满依法减为无期徒刑后，终身监禁，但是不得减刑、假释。

126. 挪用征收补偿费用构成犯罪的，如何追究刑事责任？

根据《刑法》第384条的规定，国家工作人员利用职务上的便利，挪用公款归个人使用，进行非法活动的，或者挪用公款数额较大、进行营利活动的，或者挪用公款数额较大、超过3个月未还的，是挪用公款罪。犯挪用公款罪的，应当处5年以下有期徒刑或者拘役；情节严重的，处5年以上有期徒刑。挪用公款数额巨大不退还的，处10年以上有期徒刑或者无期徒刑。如果挪用救灾、抢险、防汛、优抚、扶贫、移民、救济款物归个人使用，则要从重处罚。

又根据《最高人民法院、最高人民检察院关于办理贪污贿赂刑事案件适用法律若干问题的解释》第5条的规定，挪用公款归个人使用，进行非法活动，数额在3万元以上的，应当以挪用公款罪追究刑事责任；数额在300万元以上的，应当认定为“数额巨大”。具有下列情形之一的，应当认定为“情节严重”：（1）挪用公款数额在100万元以上的；（2）挪用救灾、抢险、防汛、优抚、扶贫、移民、救济特定款物，数额在50万元以上不满100万元的；（3）挪用公款不退还，数额在50万元以上不满100万元的；（4）其他严重的情节。根据第6条的规定，挪用公款归个人使用，进行营利活动或者超过3个月未还，数额在5万元以上的，应当认定为“数额较大”；数额在500万元以上的，应当认定为“数额巨大”。具有下列情形之一的，应当认定为“情节严重”：（1）挪用公款数额在200万元以上的；（2）挪用救灾、抢险、防汛、优抚、扶贫、移民、救济特定款物，数额在100万元以上不满200万元的；（3）挪用公款不退还，数额在100万元以上不满200万元的；（四）其他严重的情节。

127. 政府工作人员在土地征收工作中有违法行为的，应当如何处理？

根据《土地管理法》第84条的规定，自然资源主管部门、农业农村主管部门的工作人员玩忽职守、滥用职权、徇私舞弊，构成犯罪的，依法追究刑事责任；尚不构成犯罪的，依法给予处分。上述规定明确了自然资源主管部门、农业农村主管部门的工作人员在土地征收工作中可能出现的3种主要违法行为，即玩忽职守、滥用职权和徇私舞弊。

（1）玩忽职守是指政府工作人员对工作严重不负责任，疏忽大意、过于自信、擅离职守等，致使公共财产、国家和人民利益造成重大损失，如对征收过程中收到的举报随意应付，对土地征收补偿安置方案的征求意见工作敷衍了事等。

（2）滥用职权，是指政府工作人员故意逾越职权，不按或违反法律规定决定、处理其无权决定、处理的事项，或者违反规定处理公务，致使公共财产遭到侵吞、国家和人民遭受重大财产损失等行为，如故意将被征收人的合法建筑认定为非法建筑、克扣被征收人的征收补偿费用等。

（3）徇私舞弊则是指政府工作人员在土地征收与补偿工作中，利用自己职权上的便利和权力，为实现自身或其他人的不当利益，故意错误认定被征收住宅的性质、增大住宅评估价值、错误认定青苗种类等，使得部分被征收人的征收补偿不当提高，致使公共财产、国家和人民利益遭受重大损失的行为。

根据规定，政府工作人员有上述行为，尚不构成犯罪的，依法给予处分。应当注意的是，新的《土地管理法》中的“处分”既包括原有的政务处分，也包括针对中国共产党党员的纪律处分。根据《监察法》的规定，政务处分包括警告、记过、记大过、降级、撤职、开除等；根据《中国共产党纪律处分条例》的规定，纪律处分主要包括警告、严重警告、撤销党内职务、留党察看和开除党籍。

政府工作人员的上述行为构成犯罪的，则应当依法追究刑事责任。根据《刑法》第 397 条的规定，上述工作人员滥用职权或者玩忽职守，致使公共财产、国家和人民利益遭受重大损失的，应当处 3 年以下有期徒刑或者拘役；情节特别严重的，处

3 年以上 7 年以下有期徒刑。徇私舞弊，犯滥用职权罪或者玩忽职守罪的，处 5 年以下有期徒刑或者拘役；情节特别严重的，处 5 年以上 10 年以下有期徒刑。《刑法》另有规定的，相关刑事责任依照该规定确定。

128. 非法搬迁造成损失的，相关责任人是否需要承担赔偿责任？

根据法律法规的规定，因暴力、威胁等非法搬迁行为造成损失的，相关责任人应当依法承担赔偿责任，既包括行政赔偿责任，也包括民事赔偿责任。

如果损失是由行政机关及其工作人员行使行政职权的行为造成的，根据《国家赔偿法》第 7 条的规定，行政机关及其工作人员行使行政职权侵犯公民、法人和其他组织的合法权益造成损害的，应当承担相应的行政赔偿责任。具体来说，如果作出征收决定的市、县级人民政府相关部门及其工作人员的职务行为侵犯了被征收人的合法权益造成损害，则该部门将作为赔偿义务机关；如果是因两个以上部门共同行使职权造成被征收人合法权益损害，则这些部门应当作为共同赔偿义务机关承担行政赔偿责任；土地征收部门依托其他具体实施单位实施土地征收工作的，如果实施单位在行使受委托的行政权力时侵犯了被征收人的合法权益造成损害，则委托的行政机关，也就是土地征收部门作为赔偿义务机关。上述赔偿义务机关应当依法承担对被征收人的行政赔偿责任。

根据《国家赔偿法》第5条的规定，具有下列情形之一的，国家不承担赔偿责任:（1）行政机关工作人员与行使职权无关的个人行为;（2）因公民、法人和其他组织自己的行为致使损害发生的;（3）法律规定的其他情形。由此，如果造成损失的非法搬迁行为不是作出土地征收决定的市、县级人民政府相关工作部门及其工作人员，或者受委托的具体实施单位及其工作人员作出，或者虽然是上述单位或工作人员，但造成损失的行为不是他们依据行政职权作出，那么相关的机关就不需要承担行政赔偿责任。然而，这并不意味着作出非法搬迁行为的相关单位和人员就不需要承担任何赔偿责任，他们仅是不需承担行政赔偿责任，仍应当根据《民法典》等民事法律规范承担相应的民事赔偿责任。

129. 在土地征收工作中受到损失的被征收人应当怎样申请行政赔偿？

根据《国家赔偿法》的规定，在土地征收工作中受到损失的被征收人有权向赔偿义务机关要求行政赔偿。如果被征收人死亡，他的继承人和其他有抚养关系的亲属有权要求赔偿；被征收人是法人或其他组织，但依法终止的，它的权利承受人有权要求赔偿。赔偿请求人既可以单独向赔偿义务机关提出赔偿请求，也可以在申请行政复议或者提起行政诉讼时一并提出，根据受到的损害程度的不同可以同时提出数项赔偿要求。

赔偿请求人要求赔偿应当递交赔偿申请书，申请书应当载明以下内容：（1）受害人的姓名、性别、年龄、工作单位和住所，法人或者其他组织的名称、住所和法定代表人或者主要负责人的姓名、职务；（2）具体的要求、事实根据和理由；（3）申请的年、月、日。赔偿请求人不是受害人本人的，应当在申请书中同时说明与受害人的关系并提供相应的证明。

赔偿义务机关应当自收到申请之日起2个月内，作出是否赔偿的决定。赔偿义务机关作出赔偿决定，应当充分听取赔偿请求人的意见，并可以与赔偿请求人就赔偿方式、赔偿项目和赔偿数额依照《国家赔偿法》第四章的规定进行协商。赔偿义务机关决定赔偿的，应当制作赔偿决定书，并自作出决定之日起10日内送达赔偿请求人；赔偿义务机关决定不予赔偿的，应当自作出决定之日起10日内书面通知赔偿请求人，并说明不予赔偿的理由；赔偿义务机关在规定期限内未作出是否赔偿的决定，赔偿请求人可以自期限届满之日起3个月内，向人民法院提起诉讼。同时，若赔偿请求人对赔偿的方式、项目、数额有异议的，或者赔偿义务机关作出不予赔偿决定的，赔偿请求人同样可以自赔偿义务机关作出赔偿或者不予赔偿决定之日起3个月内，向人民法院提起诉讼。人民法院应当根据《行政诉讼法》《国家赔偿法》等的规定对赔偿义务机关的决定依法进行审理并作出判决。

赔偿义务机关作出行政赔偿后，应当责令有故意或者重大过失的工作人员或者受委托的组织或者个人承担部分或者全部赔偿费用。对有故意或者重大过失的责任人员，有关机关应当依法给予处分；构成犯罪的，应当依法追究刑事责任。

须明确的是，赔偿请求人请求行政赔偿的时效为2年，自其知道或者应当知道行政机关及其工作人员行使职权时的行为侵犯其人身权、财产权之日起计算。在申请行政复议或者提起行政诉讼时一并提出赔偿请求的，适用行政复议法、行政诉讼法有关时效的规定。赔偿请求人在赔偿请求时效的最后6个月内，因不可抗力或者其他障碍不能行使请求权的，时效中止。从中止时效的原因消除之日起，赔偿请求时效期间继续计算。

130. 行政赔偿的方式和范围是怎么样的？

根据《国家赔偿法》第四章的规定，行政赔偿以支付赔偿金为主要方式，但能够返还财产或者恢复原状的，也可以予以返还财产或者恢复原状。根据非法征收活动侵犯的被征收人合法权益的不同，行政赔偿的范围也有所不同。

非法征收活动侵犯了被征收人的人身自由的，每日赔偿金按照国家上年度职工平均工资计算。侵犯被征收人生命健康权的，赔偿金按照以下标准计算：（1）造成身体伤害的，应当支付医疗费、护理费，以及赔偿因误工减少的收入。减少的收入每日的赔偿金按照国家上年度职工日平均工资计算，最高额为国家上年度职工年平均工资的5倍。（2）造成部分或者全部丧失劳动能力的，应当支付医疗费、护理费、残疾生活辅助具费、康复费等因残疾而增加的必要支出和继续治疗所必需的费用，以及残疾赔偿金。残疾赔偿金根据丧失劳动能力的程度，按照国家规定的伤残等级确定，最高不超过国家上年度职工年平均工资的20倍。造成全部丧失劳动能力的，对其扶养的无劳动能力的人，还应当支付生活费。（3）造成死亡的，应当支付死亡赔偿金、丧葬费，总额为国家上年度职工年平均工资的20倍。对死者生前扶养的无劳动能力的人，还应当支付生活费。上述生活费的发放标准，参照当地最低生活保障标准执行。被扶养的人是未成年人的，生活费给付至18周岁止；其他无劳动能力的人，生活费给付至死亡时止。非法征收活动致被征收人精神损害的，应当在侵权行为影响的范围内，为受害人消除影响，恢复名誉，赔礼道歉；造成严重后果的，应当支付相应的精神损害抚慰金。

若非法征收活动造成被征收人财产损害，如非法扣押了被征收人的财产的，应当返还。应当返还的财产损坏的，能够恢复原状的恢复原状，不能恢复原状的，按照损害程度给付相应的赔偿金。若直接造成被征收人财产灭失，则应当按照直接损失给予赔偿。

图书在版编目 (CIP) 数据

爱问法律百科．征地安置补偿必知 130 问 / 申屠良瑜著．—北京：中国法制出版社，2020.11

ISBN 978-7-5216-1232-5

Ⅰ．①爱…　Ⅱ．①申…　Ⅲ．①土地征用—补偿—中国—问题解答　Ⅳ．① D920.5

中国版本图书馆 CIP 数据核字（2020）第 161049 号

责任编辑：王佩琳　熊林林　　封面设计：李　宁

爱问法律百科：征地安置补偿必知 130 问

AIWEN FALÜ BAIKE：ZHENGDI ANZHI BUCHANG BIZHI 130 WEN

著者 / 申屠良瑜

经销 / 新华书店

印刷 / 三河市国英印务有限公司

开本 / 880 毫米 ×1230 毫米　32 开　　印张 / 7.25　字数 / 131 千

版次 / 2020 年 11 月第 1 版　　2020 年 11 月第 1 次印刷

中国法制出版社出版

书号 ISBN 978-7-5216-1232-5　　定价：28.00 元

北京西单横二条 2 号　邮政编码 100031　　传真：010-66031119

网址：http://www.zgfzs.com　　**编辑部电话：010-66066620**

市场营销部电话：010-66033393　　**邮购部电话：010-66033288**

（如有印装质量问题，请与本社印务部联系调换。电话：010-66032926）